UMBERTO DI RIENZO

VENDERE CON STILE

Il Metodo In 4 Semplici Passi Per Vendere Di Più Riconoscendo Il Tuo Stile Relazionale E Quello Del Tuo Cliente

I0040450

Titolo

"VENDERE CON STILE"

Autore

Umberto Di Rienzo

Editore

Bruno Editore

Sito internet

http://www.brunoeditore.it

Tutti i diritti sono riservati a norma di legge. Nessuna parte di questo libro può essere riprodotta con alcun mezzo senza l'autorizzazione scritta dell'Autore e dell'Editore. È espressamente vietato trasmettere ad altri il presente libro, né in formato cartaceo né elettronico, né per denaro né a titolo gratuito. Le strategie riportate in questo libro sono frutto di anni di studi e specializzazioni, quindi non è garantito il raggiungimento dei medesimi risultati di crescita personale o professionale. Il lettore si assume piena responsabilità delle proprie scelte, consapevole dei rischi connessi a qualsiasi forma di esercizio. Il libro ha esclusivamente scopo formativo.

Sommario

Prefazione

Quando Umberto Di Rienzo mi ha chiesto di far parte di questo libro scrivendone una piccola prefazione, ho subito pensato a quante prefazioni abbia letto nella mia vita... Pochissime! Così mi sono chiesto perché e ho pensato anche a come potessi evitare di ottenere lo stesso risultato.

È anche vero che i libri non vengono comprati solo per la prefazione. Di solito, vengono scelti per la copertina, per l'autore o gli autori, per le citazioni che ne vengono fatte su internet o in altri libri e per la prefazione.

Cosa può fare la differenza in una prefazione efficace (e soprattutto questa)?

Il valore delle prefazioni che, personalmente, ho trovato utile leggere integravano due elementi per me molto importanti: la notorietà dell'autore della prefazione e la specificità dei commenti rispetto alla bellezza del libro, magari arricchita da aneddoti e storie che l'autore della prefazione ha avuto voglia di confezionare per il lettore.

Sulla prima, lascio che sia la mia attività editoriale, i miei libri e i miei post, a dimostrare chi sia Fabio De Luca e a convincervi a ritenere corretta la scelta del mio collega e amico Umberto.

Sulla seconda posso, invece, dire, all'interno di queste due pagine, la mia.

Dieci anni fa, correva l'anno 2007, ho partecipato a un corso Practitioner & Master Practitioner di Programmazione NeuroLinguistica. La fortuna (se così si può chiamare), nei percorsi formativi, è quella di trovare in aula un trainer coinvolgente ed emotivamente connesso e un gruppo che sappia uscire dalla propria zona di familiarità (odio il termine confort zone, perché fa sembrare che in quella zona si stia bene, quando ciò non è per niente vero) e sperimentare in modo attivo e concreto le metodologie proposte.

In quell'occasione, mi ritrovai immerso in una situazione simile.

Mi ricordo come fosse ieri gli scambi di esperienze, la curiosità delle domande che eravamo in grado di produrre per comprendere nel dettaglio ciò che stava accadendo e come ciò che stavamo provando potesse darci valore nella nostra vita personale e lavorativa.

Durante uno di questi esercizi, mi ritrovai a riflettere sul valore delle domande per un venditore che sappia fare la differenza. La voce che allora mi stava facendo riflettere e che ancora oggi riecheggia nella mia mente era profonda e accogliente.

All'epoca mi occupavo di vendite da pochi anni e non mi sembrava vero di poter parlare con un esperto di vendita con tale esperienza (oltre 15 anni all'epoca) e poter dire la mia, trovando orecchie familiari, pazienti e sempre pronto a lasciare andare i propri neuroni specchio alla ricerca dell'altro.

Chi conosce Umberto ha subito compreso che la persona con cui mi imbattei fu proprio Umberto Di Rienzo. Una persona preparata e umile, strutturata e flessibile, aperta e solida. Questo libro ne è un esempio emblematico.

Racconta in modo snello, veloce, pur rimanendo dettagliato ove necessario, le metodologie proposte, facendole vivere in modo diretto con esempi e citazioni, fondando ogni affermazione con dati e fatti concreti. Ce ne è per ogni Stile di lettore.

Quella non fu l'unica occasione di confronto e di crescita comune che abbiamo condiviso e che ha contribuito alla nascita di questo libro.

Al di là dei metodi, Umberto e io siamo sempre stati uniti dal piacere e dalla voglia di far emergere i talenti delle persone e di svelare le opportunità che essi possono far cogliere.

All'interno di questa nostra ricerca di metodologie, orientate a questo scopo, abbiamo scoperto la formazione esperienziale, l'experiential learning, una metodologia che nacque all'interno del mondo scout e che parte da un presupposto che entrambi abbiamo sempre pensato fosse importante per costruire percorsi di sviluppo efficaci e ad alto impatto: le persone hanno risorse incredibili e possono, inserite in un contesto funzionale, tirarle fuori e incrementare il proprio valore.

Partire, come Umberto ci ha magicamente raccontato, dall'esperienza, passare per un'acuta osservazione dei fatti accaduti e dell'emozioni in gioco, giungendo a concettualizzare i razionali che possono aiutarci a migliorare e investendo tempo per sperimentare per un periodo di tempo quanto appreso per consolidarlo e farlo diventare un'abitudine nuova e potente. E per ogni apprendimento, strumento, cambiamento, questo ciclo funziona e ci permette di allargare le nostre potenzialità.

Di venditori o venditrici, di papà, di mamme, di insegnanti, di studenti, di imprenditori, di impiegati ... insomma, in qualunque ambito.

L'unico ingrediente che serve aggiungere per attivare questa magia è una sana curiosità. Quella che serve per prendersi del tempo per leggere questo libro (spero che la prefazione ti aiuti a continuare).

Mi piace ricordare, tornando in conclusione all'area di applicazione principale di questa lettura, che le tecniche proposte all'interno di questo libro, non faranno migliorare soltanto il fatturato o i margini, visto che vendere in meno incontri può ridurre costi, ma amplieranno le capacità consulenziali e soprattutto la qualità del servizio al cliente, aumentando la qualità percepita.

Per queste ragioni questo libro, per me, può essere facilmente sfruttato da venditori, da direttori vendite, da imprenditori che, consapevoli del valore della vendita nella loro attività, hanno voglia di investire la propria moneta più importante, il tempo, sul tesoro più importante a loro disposizione: le competenze.

Auguro a tutti i lettori di trovare il proprio Stile all'interno di queste pagine e soprattutto di raggiungere i propri obiettivi personali e professionali.

Grazie Umberto per l'opportunità che mi hai dato di introdurre una lettura utile e piacevole come questa.

Introduzione

Tutti i libri sulla vendita partono dalla storia dell'autore, spessissimo sono storie di grandissimi successi con mega-fatturati alle spalle, chissà quanto reali…

A me ha sempre affascinato ciò che questo mondo ti consente di esplorare: non mi è mai piaciuto stare fermo in un posto, timbrare un cartellino, avere le comodità/scomodità di un ufficio; quando ho fatto lavori che prevedevano questo ci stavo troppo stretto e ne sono uscito appena ho potuto.

Ma ho iniziato come tanti, tantissimi, senza competenza e con tanta speranza, in un mondo lavorativo che investiva il minimo indispensabile per la tua formazione: ti metteva una valigetta in mano, "fammi vedere cosa sai fare" – mi dicevano in una piccola stanza aziendale – "e poi, se sopravvivrai, investirò (il minimo indispensabile) su di te…".

11

Una specie di Highlander della vendita: ne rimarrà soltanto uno!

Così ho iniziato a farmi la mia bella esperienza, anni e anni di *door to door* (dicono che sia più *cool* dire così piuttosto che "porta a porta" di Brunovespiana-memoria...), di chilometri percorsi, bagnato sotto la pioggia o sudato sotto il solleone, ho conosciuto persone meravigliose, ho preso tanti, tantissimi No! Ma anche quei meritati Sì! che ti ripagano dei tanti sforzi fatti.

Soltanto chi lo ha provato può sapere l'emozione e la soddisfazione che si prova quando si raggiunge l'accordo con il cliente, quando si firma la proposta d'ordine.

Ho fatto un po' di tutto, con risultati per me molto soddisfacenti, sempre con l'obiettivo di proporre un prodotto/servizio che potesse essere apprezzato dal mio interlocutore.

Non mi è mai piaciuto il concetto della vendita fine a se stessa, del solo mio guadagno personale; dovevo cercare di far capire alla persona o azienda che avevo di fronte di potersi fidare di me e che la mia offerta ero *in primis* io stesso.

Ho fatto il venditore per tanti anni, in un certo senso lo faccio ancora, questa professione ti rimane addosso, entra nell'anima e ti accompagna sempre in tutte le esperienze di vita.

Come succede nella stragrande maggioranza delle aziende (che errori si fanno anche in tante strutture organizzate...) arriva il momento in cui ai più bravi commerciali viene chiesto di iniziare a creare e gestire un team di lavoro, come se le competenze e le capacità che caratterizzano questi due lavori fossero le stesse, facendo spesso danni enormi.

Insegnare a vendere non è la stessa cosa che vendere, è una responsabilità diversa, dove c'è bisogno di attenzioni particolari, studio e formazione mirata, predisposizioni alla crescita dell'altro che non sempre chi è abituato a gestire solo sè stesso è propenso a mettere in atto.

Per me non è mai stato così, mi è sempre piaciuto occuparmi degli altri, relazionarmi con più persone possibili, aiutarle a raggiungere i propri obiettivi personali, sempre in linea con le strategie aziendali.

Ho fatto la mia bella carriera di Team Manager, poi di Area Manager, sono diventato Dirigente Aziendale e Vicedirettore Commerciale in un'azienda che lavora con oltre 500 agenti in tutta Italia: ho conosciuto l'intero territorio italiano, e non credo ci sia città il cui suolo io non abbia professionalmente calpestato.

Sono davvero il classico *self-made man*, non ho mai avuto il "leggendario" maestro, o guru, o insegnante che mi potesse indicare la via: l'ho cercata e trovata da solo, inciampando più e più volte ma sempre rialzandomi, con ferite che mi consentivano di diventare ancora più forte.

Ho incontrato sulla la mia strada meravigliose persone che sono state importanti e per me un esempio: alcune camminano ancora al mio fianco, altre sono andate a percorrere strade più illuminate, in alto nei cieli.
A tutte loro – è indelicato e lungo elencarne i nomi – va il mio ringraziamento di cuore.

Da "praticone vero" sentivo comunque l'esigenza di saperne di più, non mi bastava quello che facevo nell'attività quotidiana, dovevo conoscere anche il perché delle cose. Ho letto decine e decine di libri sulla crescita personale e sul come aiutare gli altri, ho frequentato tantissimi corsi di formazione con i migliori trainers del mondo che mi hanno insegnato molto.

Mentre ero Dirigente Aziendale, e lavoravo minimo 12 ore al giorno, mi sono iscritto all'università, studiavo di notte, il sabato e la domenica (ringrazio sempre mia moglie e le mie figlie per aver sopportato/supportato tutto ciò e avermi consentito di esaudire questo sogno), mi sono laureato in Psicologia del Lavoro che mi ha aiutato finalmente a rispondere ai miei *perché*, anche se ogni giorno, e per fortuna, ne spuntano di nuovi.

Da tanto mi occupo di Formazione, soprattutto con approccio esperienziale: ho formato migliaia di persone, sviluppo Reti di Vendita, svolgo corsi sulla Comunicazione Efficace, Leadership, Public Speaking, Negoziazione e Tecniche di Vendita, sono esperto nell'uso della voce nelle trattative commerciali; ho conseguito il Master in Pnl (Programmazione neuro-linguistica), sono Consulente Aziendale e Coach certificato in Intelligenza Emotiva.

Credo che la più bella soddisfazione per chi fa questa professione sia quella di vedere una *luce* negli occhi delle persone che ha di fronte e di sentirsi dire, magari a distanza di anni, che quella parola che ha sentito da te, quel concetto esplorato, quella sensazione provata, quell'esperienza vissuta insieme, la ricordano sempre e ha consentito loro di fare un salto in avanti nella professione e nel proprio percorso di vita.

Quel "grazie" ti ripaga di tutti gli sforzi fatti e degli impegni profusi.

Terminata la mia esperienza dirigenziale, ho ripreso in mano sia la fantomatica Partita Iva sia la mia vita. Ho ricominciato, seppur a fatica, a scegliere ciò che mi piace, essere libero di decidere cosa voglio fare e avere il tempo per realizzarlo.

Non sono stati momenti facili, le difficoltà ci sono tuttora, ma tutto può essere gestito e superato quando hai dentro la consapevolezza che stai facendo la cosa giusta e che è *solo* questione di tempo, di organizzazione, di competenze e di relazioni.

Nel mio percorso di vita ho incontrato altre tre persone che avevano il mio stesso sogno, magari concepito in maniera diversa ma con il medesimo filo conduttore.

Un'alleanza vera di cervelli può essere di aiuto a tutti, soprattutto in un mondo in cui sembra che preservare, conservare e non condividere ciò che sai possa essere l'unico modo per difenderti in una società iper-competitiva come l'attuale.

Nasce così, con Fabio De Luca, Massimiliano Presutti e Giorgia Pizzuti, l'idea di dare vita a Connectance (www.connectance.net), un network di professionisti creato per generare cambiamento e innovazione dei modelli di management, combinando insieme metodologie e approcci diversi per una maggiore efficacia nell'apprendimento.

Hai presente la frase per cui "se tu hai una mela e io ho una mela e ce le scambiamo, allora tu e io abbiamo sempre una mela ciascuno, ma se tu hai un'idea e io ho un'idea e ce le scambiamo allora abbiamo entrambi due idee?".

Connectance è questo: una visione, un luogo, un laboratorio di scambio di idee e passioni, di competenze, di esperienze diverse, di esplorazione al nuovo, di creazione, di condivisione nel rispetto altrui.

È anche fatica, come merita un progetto importante; persone a noi care hanno preso strade diverse e legittime, tante altre splendide persone fanno parte di questo sogno diventato realtà: oggi siamo più di 50 professionisti che orbitano nella galassia Connectance e che mettono a disposizione la propria professionalità per una continua condivisione comune.

E qui ho fatto la conoscenza, grazie soprattutto all'amico e collega Fabio De Luca, di David Kolb, non fisicamente, purtroppo, ma ho avuto l'opportunità di studiare e apprezzare il suo lavoro sugli Stili di Apprendimento e di Relazione.

Ma Kolb merita un capitolo e più a parte, perché è dal suo studio che nasce l'idea di questo libro.

Capitolo 1:
Anche tu vendi, tutti noi vendiamo!

A tutti noi piace comprare qualcosa, ma a tutti noi non piace che qualcuno ci venda qualcosa... eppure tutti noi vendiamo.

Vendiamo prodotti, vendiamo tempo, vendiamo professionalità, vendiamo conoscenza, vendiamo competenza.

Vende l'imprenditore, vende il libero professionista, vende anche il dipendente come il networker, il manager, lo studente, la casalinga e il pensionato.

Che tu lo voglia o no, che ti piaccia o meno, non puoi fare a meno di vendere.

E se fosse così, e davvero lo è, allora perché non farlo al meglio delle tue possibilità?

Eppure sento spesso pronunciare la fatidica frase: "io non so vendere", "non sono portato per la vendita", "la vendita non fa per me".

Voglio sfidarti: e se ti dicessi che è molto più semplice di quello che pensi e che basta davvero poco per migliorare i tuoi fatturati e la tua soddisfazione personale?

Non sto affermando che vendere sia facile, affermo con decisione che la vendita non è una dote innata, o almeno non lo è più, ma vendere è un'abilità che si può imparare, anzi che si deve imparare.

Vendere non è solo un sorriso, non è solo empatia, né solo vestirsi bene, vendere non è un'arte ma piuttosto una scienza, e pertanto si può apprendere.

Vendere è comunicare ed è bellissimo perché vuol dire essere attenti all'altro, alle sue particolarità, ai suoi spazi, ai suoi umori e alle sue parole.

SEGRETO n. 1: qualunque cosa tu faccia, stai comunque vendendo. E allora cerca di farla al meglio che puoi, con la giusta consapevolezza e responsabilità.

Vendere con Stile non è un libro che suggerisce come vestirsi o cosa indossare nella propria attività professionale, non risponde, o forse sì, alla fatidica e inflazionata domanda: l'abito fa o non fa il monaco?

La finalità di questo libro è aiutarti a comprendere e a riconoscere il tuo Stile Relazionale, come approcciare il tuo cliente, quali caratteristiche sono alla base del tuo comportamento e come interagire con il tuo interlocutore.

Tu come comunichi? Come ti relazioni con la persona che hai di fronte? Quale Stile Relazionale usi e quale Stile usa il tuo interlocutore? Come potresti fare arrivare meglio il tuo messaggio? Come potresti vendere meglio ciò che hai da proporre, sia esso un oggetto, un'idea, un aumento di carriera o di stipendio, o un concetto per te importante da far comprendere a tua moglie, tuo marito o ai tuoi figli, al tuo responsabile, al tuo collaboratore e al tuo cliente?

Rispondere a queste domande è l'obiettivo del presente libro, che mette a frutto oltre vent'anni di esperienza in questo affascinante mondo che è la crescita personale, con un metodo che ha nella semplicità il suo punto di forza e che è facilmente utilizzabile in tutte le aree della tua vita.

Sai già probabilmente quanto sia importante considerare la comunicazione come un insieme tra la parte verbale, il *cosa dico*, la parte para-verbale, il *come lo dico* e il non-verbale, *ciò che il linguaggio del corpo esprime*.
Sono stati scritti tanti libri sull'argomento, molto interessanti e che ti invito ad approfondire.

Nei miei corsi di formazione vengono sviluppati questi temi, come porre attenzione al contenuto di ciò che comunichiamo, al potere della voce come fattore fisico e per questo allenabile, come gestire meglio la propria tonalità vocale, il volume, il ritmo e la frequenza dell'eloquio, e anche quanto possano essere incisivi la postura, la prossemica, l'aspetto, la gestualità, la mimica facciale, lo sguardo e il sorriso.

Non immagini quanto possa essere importante, nella vendita e anche nelle comuni relazioni, la gestione delle obiezioni e la capacità di ascoltare davvero l'interlocutore e come saper porre le giuste domande nei giusti tempi.

Tutto questo si completa con quello che ti sto per dare, un metodo semplice che ti possa permettere in pochi secondi di capire meglio il tuo interlocutore, di poter rispondere alle sue necessità e di poterlo comprendere perché, anche questo lo sai, nella vendita, come nella comune relazione, non c'è mai un vincitore e uno sconfitto, ma si vince e si perde sempre in due.

SEGRETO n. 2: vendere, entrare in relazione non è complicato, è sicuramente complesso: non c'è bisogno di avere una laurea in Ingegneria aerospaziale (molto complicato per me…) ma comprendere l'altro è davvero complesso, per questo molto interessante.

Per fare questo ti voglio presentare una persona.
Ti presento David Kolb. Tuttora vivente (nasce a New York nel 1939), è un professore universitario di Cleveland, Ohio, negli Usa: mettendo insieme studi di maestri della psicologia come John Dewey, Kurt Lewin, Jean Piaget, ma soprattutto Carl Gustav

Jung, ha sviluppato un modello di apprendimento in quattro fasi che abbiamo, nel lab Connectance, ulteriormente approfondito e integrato con altri modelli come l'Insight, il DISC, il PDA, sviluppandolo nel mondo delle relazioni e della vendita.

Ma perché Kolb e il suo modello?
Perché è un fantastico modello che ci permette di conoscere, molto facilmente e velocemente, lo Stile di Relazione del nostro interlocutore.
Quanto è importante questo nella vendita? Moltissimo!

Capire come si relaziona il mio cliente mi aiuta a entrare in contatto con lui, comprendere ciò che per lui è importante mi dà indicazioni su che strada percorrere insieme.
Ma prima ancora di questo dobbiamo chiederci: come mi relaziono con gli altri? Qual è il mio Stile? Cosa è importante per me?

SEGRETO n. 3: capire meglio se stessi, il proprio Stile di Relazione, è prioritario nel cercare di capire meglio l'altro.

Il modello di Kolb risponde a tutte queste domande, non esprimendo giudizi, ossia cosa è meglio o cosa è peggio, giusto o sbagliato, ma solo preferenze.

Ci aiuta a conoscerci di più, in maniera semplice e diretta e, pur avendo un'importante ricerca scientifica alle spalle, è molto semplice da imparare e applicare (e questo piace tanto ai venditori...).

Come tutti i modelli semplici e utili, non va mai preso come verbo assoluto, ma come supporto speciale al nostro miglioramento e alla consapevolezza: evitiamo stereotipi, noi siamo molto più complessi di questo, e aggiungerei per fortuna, altrimenti saremmo delle macchine in cui basta programmare un profilo e premere il tasto *play*.

Quello che vedi disegnato di seguito è il ciclo dell'apprendimento di Kolb, da dove parte tutto il suo studio.

E tu, che Stile di Relazione hai?

Lo vuoi sapere? Vuoi capire veramente come interagisci con gli altri, come comunichi, cosa è importante per te e come rapportarti con il tuo interlocutore per vendere meglio e per crescere nella vita professionale e personale?

Voglio farti un eccezionale regalo, te lo meriti perché stai leggendo questo libro e se lo stai facendo è perché vuoi capire quello che fai e soprattutto come farlo meglio.

Prima di andare oltre, clicca sul link che trovi qui di seguito, prenditi 6 minuti per te e rispondi alle domande, avrai in tempo reale uno strumento fantastico, semplice, vero e soprattutto gratuito per capire il tuo Stile comunicativo.

www.vendereconstile.it/test/

Fallo subito, non proseguire nella lettura di questo libro se non avrai prima cliccato sul link e compilato il breve test: è un tuo vantaggio.

Bene, come è andato il test?

Hai uno Stile Adattivo, Divergente, Assimilativo o Convergente?

Cerchiamo di entrare nei dettagli dei profili, soprattutto riportandoli all'obiettivo di questo libro, tenendo sempre nella giusta considerazione che il relativo risultato è un'indicazione, è un'opportunità di riflessione: anche se l'attendibilità del test è comprovata dagli studi che sono dietro alla sua realizzazione, dobbiamo sempre ricordarci che è comunque una semplificazione e che noi, lo continuo a ripetere, per fortuna siamo più complessi di tutto ciò.

SEGRETO n. 4: come diceva Balzac, la semplicità è eleganza. La persona di buon gusto deve essere semplice nei suoi bisogni: essere forte, solida, consapevole delle proprie qualità ma anche dei propri limiti.

RIEPILOGO DEL CAPITOLO 1:

- SEGRETO n. 1: qualunque cosa tu faccia, stai comunque vendendo. E allora cerca di farla al meglio che puoi, con la giusta consapevolezza e responsabilità.

- SEGRETO n. 2: vendere, entrare in relazione non è complicato, è sicuramente complesso: non c'è bisogno di avere una laurea in Ingegneria aerospaziale (molto complicato per me…) ma comprendere l'altro è davvero complesso, per questo molto interessante.

- SEGRETO n. 3: capire meglio se stessi, il proprio Stile di Relazione, è prioritario nel cercare di capire meglio l'altro.

- SEGRETO n. 4: come diceva Balzac, la semplicità è eleganza. La persona di buon gusto deve essere semplice nei suoi bisogni: essere forte, solida, consapevole delle proprie qualità ma anche dei propri limiti.

Capitolo 2:
La vendita non è solo arte, è anche scienza

Basta con la storia che sento da anni, ossia che quella del venditore è una professione che tenderà a sparire.

Non è vero e lo affermo, chi ha frequentato i miei corsi lo sa, da tanto e tanto tempo.

Nelle previsioni delle professioni del futuro, soprattutto in rapporto allo sviluppo della tecnologia e della robotica, tanti lavori che oggi sono comuni tenderanno a essere sostituiti, in tutto o in parte. Lo abbiamo già visto e lo stiamo vedendo ogni giorno.

Pensa, per esempio, ai caselli autostradali di qualche anno fa, dove l'omino dentro il gabbiotto prendeva il tuo tagliandino, prendeva i soldi e ti dava il resto e la ricevuta.

Oggi tutto questo, o quasi, è sostituito da macchine che accettano soldi o carte di credito o addirittura, installando un dispositivo in macchina, non sei più costretto a fermarti ma ti arriverà il conteggio mensile. E oggi/domani non avrai più bisogno del dispositivo ma farai tutto con il tuo smartphone.

Andremo a fare spesa senza più le casse, almeno come le intendiamo attualmente; in Corea oggi, domani da noi, puoi fare la spesa mentre aspetti la metropolitana: fotografando i prodotti che desideri su un cartellone presente nella stazione del metrò, e inserendo l'orario di arrivo a casa, ti viene recapitata la spesa presso il tuo domicilio pagando direttamente con il tuo cellulare.

Rileggendo queste righe tra qualche anno ci accorgeremo di quanto tutto questo sia datato rispetto alle opportunità che staremo in quel momento vivendo.
E sarà così per tutti i lavori, i mestieri e le professioni che siano facilmente sostituibili da un computer, semplici o complessi che siano, che abbiano codici ricopiabili e riproducibili, che abbiano una manualità proceduralizzata e quindi sostituibile da quelli che oggi chiamiamo robot ma che un domani avranno per noi nomi più familiari.

Non sarà così per altre attività, tra queste anche quelle che prevedono un approccio relazionale, uno scambio non solo di prodotti/servizi ma soprattutto di emozioni, di rapporti, di comunicazione faccia a faccia.

La tecnologia, quando ben usata, permetterà di dedicare più tempo proprio alle relazioni, alla scoperta dell'altro, al capire le emozioni proprie e altrui, prendendosi cura della parte operativa, quantitativa, della professione stessa, gestendo direttamente tutto ciò che oggi sono regole/ procedure/analisi/report ecc.

La tecnologia, il progresso, al servizio dell'evoluzione della professionalità, non il contrario.
Non credo proprio che tutto questo possa essere sostituito da una macchina, anche se oggi si sta lavorando su robot che saranno in grado di riconoscere e manifestare emozioni, ma ci vorrà ancora del tempo.

Quindi, quando mi chiedono se ci sarà un futuro nella vendita, rispondo assolutamente Sì, ma assolutamente No se si continuerà a considerare il mondo della vendita, come quello relazionale o della comunicazione, con le stesse logiche di qualche anno fa.

Il venditore, come chiunque faccia della comunicazione la propria professionalità, ha il dovere di aggiornarsi continuamente, di formarsi non soltanto sul prodotto o servizio che rappresenta, di sfruttare l'aspetto tecnologico a favore della propria operatività.

Forse questo è il tallone d'Achille del professionista di oggi, il suo punto debole.

Durante i miei corsi, spesso rivolgo questa domanda ai partecipanti: quanto hai investito personalmente, ovvero di tasca tua, per la tua formazione, per la tua crescita personale, nell'ultimo anno? Negli ultimi 5 anni? Negli ultimi 10 anni?

Potrebbe sembrare incredibile, ma la stragrande maggioranza delle persone mi risponde: zero!

Zero! Niente! Nothing! Nichts! Rien! Nada!

Tu andresti a farti curare da un dentista che non si aggiorna da tanti anni? Che ha ancora apparecchiature vecchie e non tecnologicamente avanzate? Che usa ancora prodotti di vecchia generazione? Che non ha nessun attestato di partecipazione a corsi affissi alla parete se non la vecchia laurea di trent'anni prima?

Io credo di no!

Perché allora un cliente dovrebbe comprare da te che sei rimasto ancora a come si vendeva dieci anni fa? Sì, certo, sarai bravo nella descrizione tecnica del prodotto che proponi, ma pensi che questo possa bastare a fare di te un bravo professionista?

Quando iniziai la mia carriera di venditore, l'insegnamento che mi venne dato era: quando sei davanti al cliente, parla parla parla, non ti fermare, parla: alla fine vedrai che qualcosa lo colpirà e questi ti farà l'ordine! Lo avrebbe colpito sicuramente un senso di confusione, di bombardamento, e per togliersi dalle scatole un chiacchierone come me avrebbe fatto di tutto, anche firmarmi una proposta d'ordine!

Oggi non è più così, anzi è il contrario, tante volte ti avranno detto che oggi il venditore vince nell'ascolto, nell'attenzione al cliente, nel capirne le esigenze e i bisogni, nel fare domande piuttosto che affermazioni.

Già, ma come si fa? Quali sono le domande giuste da fare? Come faccio a riconoscere i reali bisogni del mio interlocutore? Quali sono le sue vere esigenze? E le mie? Non mi rispondere "fare l'ordine e guadagnare!".

Non può essere solo questo: il guadagno, che proviene da un ordine, è soltanto la conseguenza di un lavoro ben fatto.

E per eseguire un efficace lavoro devi stare attento a tanti parametri, che ti aiuterò a riconoscere attraverso la lettura di questo libro.

Intanto, grazie per essere arrivato a leggere fin qui, è già un grande risultato: i venditori, accidenti ai pregiudizi, non sono in generale molto propensi alla lettura, ma molto di più "al fare".

Esiste comunque un detto che dice: per andare veloci bisogna imparare ad andare anche molto lenti, prendersi il giusto tempo per affilare bene la lama!

Lo scrittore e formatore di fama internazionale Stephen Covey nel suo famosissimo libro *Le 7 regole per avere successo* racconta la ormai conosciuta metafora del boscaiolo: un uomo sta camminando nel bosco quando incontra un boscaiolo intento a segare un albero. Il boscaiolo è affaticato: lavora da ore e ha molta fretta di finire il lavoro.

L'uomo nota che la lama non taglia bene e lo fa notare al boscaiolo, suggerendogli di fermarsi ad affilare la lama della sua sega. Il boscaiolo, stizzito, risponde: "Non si rende conto che ho fretta? Non ho tempo di fermarmi per affilare la lama, sono troppo impegnato a segare!".

Prima di lui, sullo stesso argomento, anche Abraham Lincoln disse: "Se avessi 8 ore per tagliare un albero, ne spenderei 6 ad affilare la lama della mia ascia".
Questo stai facendo, quindi puoi dirti "bravo!" per dedicare questo tempo alla tua crescita!

Ma torniamo al nostro dottor Kolb: brevemente, arrivando al giusto grado di profondità, il professore statunitense ci spiega che l'essere umano impara seguendo ciclicamente quattro fasi.

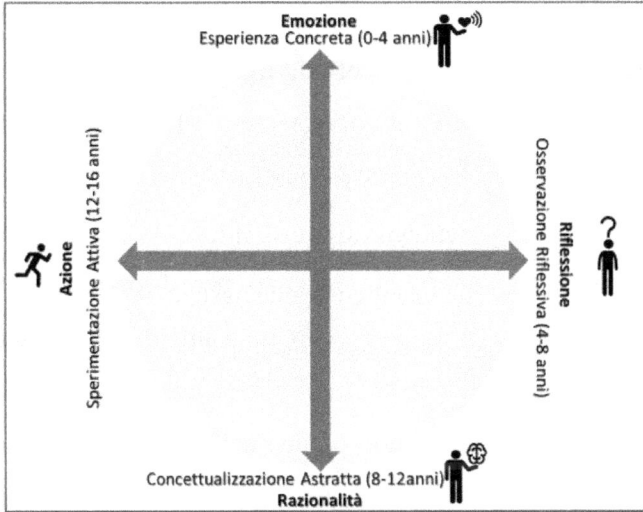

Nella prima fase della vita, orientativamente fino ai 4 anni, noi impariamo per *Esperienza Concreta*: se hai dei bambini piccoli, o se ricordi quando erano piccoli (o comunque anche tu un tempo, ormai lontano, lo sei stato…), ti sarai sicuramente accorto di come imparano dal ripetere un gesto, un'azione, facendola più volte, vivendo appunto un'esperienza concretamente.

Quante volte tuo figlio o tua figlia ha lasciato cadere in terra il cucchiaio con il quale stava giocando? E tu quante volte lo hai raccolto e quante volte questa situazione si è ripetuta nel tempo? All'inizio tutto ciò è anche simpatico, fa parte del tuo ruolo genitoriale e lo svolgi volentieri, ma quando la ripeti per la trentatreesima volta inizi a non sorridere e la tua schiena non ne può più.

Bene, tuo figlio non lo sta facendo per dispetto o altro, sta imparando che se il suo cervello dà l'impulso alla mano per allargare le dita, quella cosa di cui non sa neanche il nome, e che tu oggi chiami cucchiaio, non rimane nella situazione in cui stava prima ma dopo poco tempo, toccando quello che per te è il pavimento, genera un rumore; a quel rumore tu arrivi, ti chini, raccogli il cucchiaio, lo rimetti tra le dita di tuo figlio, con il sorriso, e ritorni a fare quello che facevi prima. E lui riparte con la sua *esperienza concreta*: è così che apprende quello che tutti noi abbiamo appreso, utilizzando le stesse tecniche, innumerevoli volte.

SEGRETO n. 1: apprendiamo per *Esperienza Concreta*, quando ci lasciamo coinvolgere pienamente in nuove esperienze e ne traiamo emozioni.

La seconda fase è quella che Kolb chiama *Osservazione Riflessiva*, che sviluppiamo generalmente tra i 4 e gli 8 anni.

Tuo figlio frequenta l'asilo e le prime classi delle elementari e la maestra inizia a fare degli esempi che servono ai bambini per sviluppare proprio la fase riflessiva.

Fa salire Maria sopra la cattedra e i compagni osservano che Maria è sopra la cattedra, o la cattedra sotto di lei, fa mettere Maria sotto la cattedra e osservano che Maria è sotto la cattedra, o la cattedra sopra di lei. Oggi tutto questo può sembrarti banale, ma ricordati che anche tu, un tempo, hai imparato così…
Tuo figlio sta osservando, riflettendo, quindi apprendendo, si sta facendo e ti sta facendo domande…spesso iniziando con un 'perché'.

SEGRETO n. 2: apprendiamo per *Osservazione Riflessiva*, quando riflettiamo sulle esperienze fatte da noi o da altri e le osserviamo da diverse prospettive.

La terza fase è quella che Kolb chiama *Concettualizzazione Astratta*: è la fase normalmente tra gli 8 e i 12 anni, tuo figlio ha bisogno di risposte concettuali alle sue domande. Gli servono modelli e concetti per interpretare la realtà e padroneggiarla.

Frequenta gli ultimi anni delle elementari e le medie e la professoressa finalmente spiega che il cucchiaio, se si allargano le dita, cade per effetto della legge di gravità, perché ogni oggetto nell'universo che ha una massa esercita una forza attrattiva su ogni altro oggetto, in relazione alla propria massa.

Impara anche che è la forza responsabile delle maree – provocate dall'attrazione della luna sugli oceani – delle orbite seguite dai pianeti, del peso del nostro corpo, ed è quella che, almeno sulla Terra, ci impedisce di sollevarci spontaneamente a mezz'aria o spiccare salti vertiginosi (naturalmente ricordi Isaac Newton e la sua mela, vero? Altrimenti, preparati, perché tuo figlio presto te lo chiederà…).

SEGRETO n.3: apprendiamo per *Concettualizzazione Astratta*, trasformiamo le riflessioni fatte in teorie e concetti funzionali e validi.

Ma tranquillo, presto questa fase passerà e tuo figlio entrerà nella quarta fase, quella che Kolb chiama *Sperimentazione Attiva*: tra i 12 e i 16-18 anni, è l'età, difficile, dell'adolescenza, l'età appunto dello sperimentare, dell'entrare in azione, del fare comunque.

Quante volte avrai detto, o dirai, non fare così, o non fare questo, perché io ci sono passato prima di te e lo so: quante volte lo avranno detto a te a quell'età? Tutto inutile, tanto lo farà lo stesso!

E facendolo, apprenderà, trasformerà il tutto in un'*esperienza concreta*, che avrà bisogno della fase della *riflessione*, poi quella della *concettualizzazione* e quindi anche della *sperimentazione* e così via, in un ciclo di apprendimento che ci accompagnerà per tutta la vita.

SEGRETO n. 4: apprendiamo per *Sperimentazione Attiva*, ossia attraverso l'*azione*, conseguenza della riflessione e della concettualizzazione, che porta a vivere una nuova esperienza concreta. È il momento in cui personalizziamo l'apprendimento facendolo nostro.

Per imparare dobbiamo vivere un'esperienza concreta, riflettere su ciò che abbiamo vissuto, spiegarla con dei modelli razionali e sperimentare ciò che abbiamo imparato in un contesto diverso. Questo è il modo in cui apprendiamo le cose.

Come puoi vedere dall'immagine nel ciclo di Kolb sono presenti due assi in contrapposizione.

L'asse che vede in contrapposizione l'*Osservazione Riflessiva* e la *Sperimentazione Attiva* rappresenta ciò che ci dà *energia*. Chi trae energia dal pensiero prima dell'azione ha bisogno di avere più informazioni, di comprendere meglio, di farsi e fare una domanda in più, si troverà sull'asse verso destra.

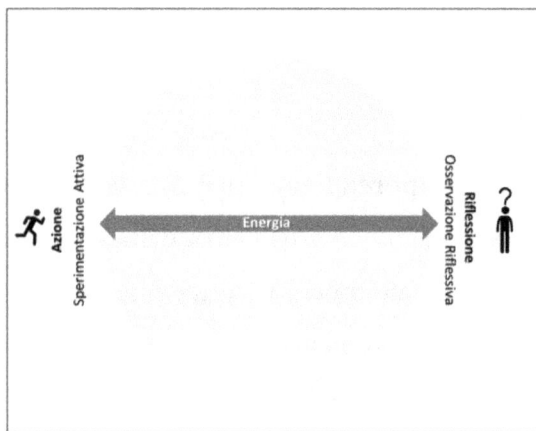

Chi invece trae energia dall'agire piuttosto che dal pensiero, chi ha bisogno di pochi dati per passare subito all'azione, chi si attiva prima possibile e si muove per prove ed errori, si troverà nella parte sinistra dell'asse.

Faccio sempre l'esempio di un acquisto di un televisore di ultima generazione con schermo piatto.

Sei il tipo di persona che appena ti arriva lo scatolone a casa, cerchi il libretto delle istruzioni, leggi alcune informazioni e poi posizioni il televisore? Oppure sei il tipo che non ha fatto neanche toccare il pavimento di casa alla confezione perché lo hai già scartato, montato e installato e procedi per tentativi finché non impari a sistemare tutti i canali e solo in un secondo momento ti accorgi che è presente anche il libretto delle istruzioni?

Nel primo caso – avrai intuito – hai una preferenza per l'osservazione, mentre nel secondo per la sperimentazione.

L'altro asse rappresenta il modo in cui *raccogliamo le informazioni.*

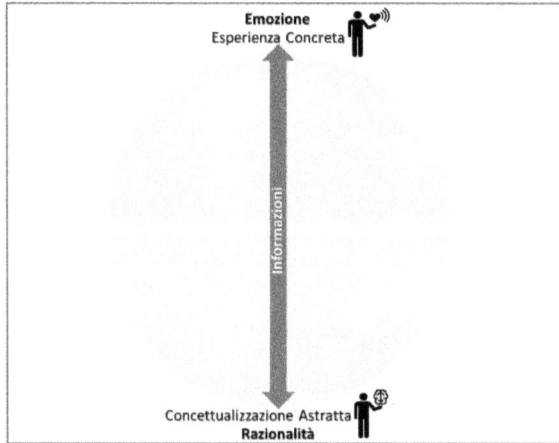

Mette in contrapposizione *l'Esperienza Concreta* e la *Concettualizzazione Astratta*, ossia chi ha bisogno emozionalmente di vivere quella situazione, chi prende la decisione "di pancia", oppure chi, invece, prima di decidere, deve avere più dati a disposizione, razionalmente cerca di comprendere, e prende la decisione "di testa".

Per tornare al televisore di ultima generazione, lo compro perché l'ho visto in casa d'altri o in vetrina e mi piace, perché come l'ho visto mi sono innamorato di quell'oggetto, perché già mi vedo in salotto a gustarmi un film come se fossi al cinema, oppure prima di comprarlo ho fatto tutte le mie analisi, i confronti, ne conosco le caratteristiche, capisco perfettamente che è il televisore adatto alle mie esigenze?

Non esiste giusto e sbagliato, esistono solo delle preferenze. Difficilmente rientriamo completamente in uno dei quattro orientamenti fin qui descritti, anzi ognuno di noi ha un po' di tutti e quattro, ma ce ne sono due che descrivono meglio il nostro Stile Relazionale.

Kolb ha usato delle etichette, dei nomi, per descrivere meglio questi tipi: hai uno *Stile Adattivo* se sei caratterizzato dall'*Esperienza Concreta* e dalla *Sperimentazione Attiva*, hai uno *Stile Divergente* se gli assi più vicini al tuo modo di essere sono l'*Esperienza Concreta* e l'*Osservazione Riflessiva*, hai uno *Stile Assimilativo* se per te è importante l'*Osservazione Riflessiva* e la *Concettualizzazione Astratta*, hai infine uno *Stile Convergente* se hai in comune la *Concettualizzazione Astratta* e la *Sperimentazione Attiva*.

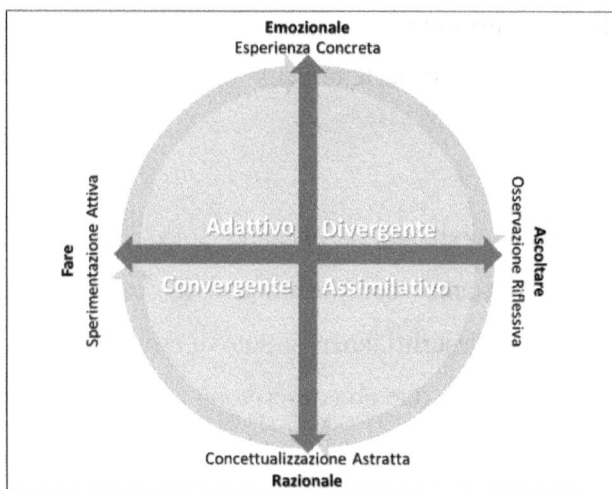

Capire meglio se stessi per comprendere al meglio gli altri, ecco il "grande segreto" di questo libro!

Analizza il tuo profilo, cerca di comprenderne i punti di forza e i punti di miglioramento, poi leggi attentamente anche gli altri tre profili, perché è anche con quelli che ti interfacci tutti i giorni.

Da adesso avrai uno strumento in più per capirne le caratteristiche e fare arrivare il tuo messaggio nel miglior modo possibile.

RIEPILOGO DEL CAPITOLO 2:

- SEGRETO n. 1: apprendiamo per *Esperienza Concreta*, quando ci lasciamo coinvolgere pienamente in nuove esperienze e ne traiamo emozioni.

- SEGRETO n. 2: apprendiamo per *Osservazione Riflessiva*, quando riflettiamo sulle esperienze fatte da noi o da altri e le osserviamo da diverse prospettive.

- SEGRETO n. 3: apprendiamo per *Concettualizzazione Astratta*, trasformiamo le riflessioni fatte in teorie e concetti funzionali e validi.

- SEGRETO n. 4: apprendiamo per *Sperimentazione Attiva*, ossia attraverso l'*azione*, conseguenza della riflessione e della concettualizzazione, che porta a vivere una nuova esperienza concreta. È il momento in cui personalizziamo l'apprendimento facendolo nostro.

Capitolo 3:
Come ricercare il tuo Stile di vendita

Allora, qual è il tuo Stile Relazionale?

Questa professione richiede tante competenze, dalla capacità di capire il business del tuo cliente, comprenderne gli sviluppi e le potenzialità, conoscere il tuo mercato ma anche quello del tuo cliente, capire il flusso decisionale nell'organizzazione e nella gestione degli acquisti, essere in grado non solo di reperire dati e informazioni ma anche di saperli leggere, cogliendo così delle opportunità presenti e future.

Ma sappiamo bene che tutto ciò da solo non basta, in questa professione l'aspetto relazionale è di primaria importanza.
Non basta sapersi presentare in un certo modo, saper rispondere alle obiezioni del cliente e da queste suggerire delle proposte adeguate, cogliere opportunità facendo domande mirate e ascoltando con attenzione i bisogni del cliente.

È di estrema importanza essere consapevoli della personale modalità di approccio e saper riconoscere quella del cliente stesso, con l'obiettivo di un naturale allineamento per cercare di percorrere insieme una strada comune.

Conoscere il tuo Stile Relazionale ti aiuterà ad adeguarti al meglio alle situazioni che ogni giorno vivi e a proporre soluzioni nel rispetto dei bisogni del cliente.

Hai ricevuto la risposta al test sugli Stili relazionali?
È importante capire quali sono le caratteristiche del tuo Stile ed è ancora più importante porre attenzione alle preferenze degli Stili diversi dal tuo, perché è anche e soprattutto con questi che ti confronti ogni giorno.

Facciamolo insieme, ti seguirò passo passo.

Hai uno Stile Adattivo?

Essere un venditore Adattivo vuol dire che il tuo Stile di relazionarsi con gli altri viene influenzato dall'*Esperienza Concreta* e dalla S*perimentazione Attiva*, ossia *emozione* e *azione* sono il tuo pane quotidiano.

Sei generalmente un tipo brillante, al quale piace agire in prima persona, sai tendenzialmente adattarti a qualsiasi tipo di situazione, sei aperto alle novità e hai una predisposizione al rischio.

Sei più orientato a fare affermazioni, ossia evidenzi quello che per te è importante, la tua visione, piuttosto che fare domande, cercando di capire davvero quello che è importante per il tuo interlocutore.

Ami stare con gli altri e hai spiccate abilità sociali, tendi a dare più importanza a quello che per te si chiama intuito, di conseguenza non ami le situazioni troppo strutturate, che richiedono metodo e organizzazione.

Se hai davanti una problematica da risolvere, tendi a farlo

privilegiando l'istinto, ti muovi per azione e correzione, piuttosto che fare un'analisi accurata, che spesso per te vuol dire un'enorme perdita di tempo!

Il tuo Stile è: *fai, pensi, fai!*
Per questo nella vendita sei un tipo brillante, ti piace, o ti piacerebbe, essere una "primadonna", il tuo obiettivo è essere considerato dal tuo cliente come competente e disponibile, e con lui cerchi di arrivare a un rapporto basato più sulla fiducia, sul rapporto personale che sulla competenza tecnica.

Fuggi da tutto quello che è un report, un'analisi dettagliata, dalle schede tecniche e dalle statistiche: intendiamoci, sai benissimo che servono per la tua professionalità e se lo devi fare lo fai, ma certamente non ne sei entusiasta!
A te piace muoverti per istinto, tendi a trascurare una pianificazione a lungo termine, gestisci a malapena quella a breve termine. Ti innamori in maniera coinvolgente dei progetti che ti prendono soprattutto nella tua emotività, e allo stesso tempo tendi a trascurarli o a dimenticartene presto se non ti piacciono più come prima.

Cerchi il "riconoscimento", tanto personale quanto professionale, ma fuggi dalla routine e dalle complessità.

Ti annoiano i particolari, i dettagli di una situazione e, tendendo subito all'azione, rischi che la tua impulsività non ti faccia cogliere opportunità per te importanti.

Il colore associato allo Stile Adattivo è il Giallo, il colore dell'allegria, della persona frizzante, giocosa e gioiosa, il colore del sorriso.

L'elemento che ti rappresenta è l'Aria, l'elemento della trasparenza, della freschezza, dell'approccio, della cordialità e dell'accoglienza.

SEGRETO n. 1: l'Adattivo (Giallo, Aria) unisce l'*emozione* all'*azione*, ha bisogno di *riconoscimento*, coinvolge e si lascia coinvolgere, è attivo e molto orientato alle relazioni.

Hai uno Stile Divergente?

Essere un venditore Divergente vuol dire che il tuo Stile di relazionarsi con gli altri viene influenzato dall'*Esperienza Concreta* e dall'*Osservazione Riflessiva*.

Sei una persona che ha a cuore la relazione con gli altri, il tuo punto di forza è proprio nell'ascolto dell'altro. Prediligi la riflessione all'azione, questo vuol dire che prima di passare all'azione hai bisogno di riflettere su come agire al meglio.

Hai quindi bisogno di informazioni prima di agire, sei una persona alla quale piace fare delle domande per comprendere al meglio la situazione nella quale è coinvolta.

Sei probabilmente una persona creativa, dotata di buona immaginazione, sensibile ed emotiva; per te la ricerca dell'armonia nel rapporto con gli altri, sia in ambiente personale sia professionale, assume una grande importanza.

La tua sensibilità, quando diventa ipersensibilità, ti può portare a non agire in velocità, spesso hai anche un eloquio lento e denso di particolari, a volte non funzionali rispetto alle esigenze di chi hai di fronte. Ti irritano altresì la mancanza di sensibilità altrui e l'impazienza, e questo potrebbe indurti ad assumere verso un atteggiamento di chiusura nei confronti del tuo interlocutore.

Per farti un esempio concreto: quando sei davanti a un cliente prediligi un approccio relazionale, ti piace coinvolgere e farti coinvolgere in una chiacchierata amicale, prima di entrare nel merito della tua visita ti piace esplorare le particolarità del tuo cliente, chiedendo come sta (e ti interessa davvero!) informandoti della famiglia, interessandoti agli hobby o altro.

Insomma, per te è importante creare quell'armonia relazionale prima ancora di scendere nel particolare della tua vendita: per un Divergente la visita perfetta dovrebbe iniziare sempre con un buon caffè insieme al cliente o comunque con uno scambio di sereni convenevoli.
Quando la situazione o il tuo interlocutore non ti consente di creare tutto questo, non riesci a esprimere in pieno il tuo potenziale, magari riesci comunque a concludere la vendita ma non ne sei mai soddisfatto a pieno.

La gestione del tempo, o meglio la gestione delle tue attività nel tempo, non è sicuramente il tuo punto di forza: spesso, infatti, il piacere che provi nell'argomentare quello che stai offrendo al tuo cliente, l'attenzione che hai verso l'altro, ti portano a non considerare con attenzione il fattore tempo, rischiando di perdere delle opportunità perché improvvisamente ti arriva addosso la fatidica frase: mi dispiace ma non ho più tempo da dedicarti e ci vediamo la prossima volta!

Il colore associato allo Stile Divergente è il Verde: è il colore della calma, della natura, della serenità.

L'elemento che ti rappresenta è l'Acqua, che nel suo scorrere tutto avvolge, include, con fare materno. È l'elemento dell'empatia, dell'ascolto, dell'adattabilità, della profondità, della credibilità e dell'entrare in contatto.

SEGRETO n. 2: il Divergente (Verde, Acqua) unisce l'*emozione* alla *riflessione*, ha bisogno di creare *armonia*, supporta e aiuta, mette a proprio agio gli altri e vuole essere sicuro del valore delle scelte.

Hai uno Stile Assimilativo?

Se il tuo Stile è Assimilativo, vuol dire che sei orientato verso la *Concettualizzazione Astratta* e l'*Osservazione Riflessiva*, prediligi più un approccio razionale che emozionale alle cose, tendi infatti a focalizzarti soprattutto su idee e concetti piuttosto che sul rapporto con gli altri.

Sei molto orientato alle attività, ne studi i processi per avere chiara la strada per raggiungere i tuoi obiettivi.

Per te è importante l'*accuratezza* delle informazioni, esigi dati e dettagli per poterli analizzare nel tempo per te funzionale, seguendo un metodo prima di dare una tua valutazione.

Sei portato a enfatizzare più la riflessione che l'azione, il pensiero più che il sentimento: per questo tendi a essere più distaccato nell'approccio, quasi riservato, atteggiamento che potrebbe suscitare nell'interlocutore una sensazione di distanza emotiva, di freddezza nei rapporti.

Sei più orientato all'analisi in profondità di una situazione che a sintetizzare, spesso il tuo eloquio potrebbe risultare lento, con molte pause riflessive, anche se la tua rigorosità nell'approccio e la tua disciplina ti portano a un'efficace gestione del tempo, della pianificazione e dell'organizzazione.

Nella vendita tendi a mantenere una certa distanza, di rispetto, con il cliente, non forzi mai la trattativa, concepisci che per portare a termine un accordo ci vuole del tempo e te lo prendi tutto.

Sei molto preciso e dettagliato nell'esposizione, sai di quel servizio/prodotto tutto quello che c'è da sapere, a volte anche troppo e questo ti porta a entrare sempre molto nel dettaglio, anche quando potrebbe non essercene bisogno.

Sai ascoltare molto e apprezzi chi lo fa con te, per questo ti irritano la superficialità e l'approssimazione.
La tua continua ricerca di perfezionismo ti porta a volte a ritardare l'entrata in azione, privilegiando il concetto del *pensa, fai, pensa*.
Non ti piace la disorganizzazione e non accetti la scorrettezza, sotto stress tendi ad assumere un atteggiamento critico e distaccato.

Il colore associato all'Assimilativo è il Blu, il colore della serietà e dell'affidabilità.

Il tuo elemento è la Terra, con la sua forza, la fermezza e l'autorevolezza, emblema della sicurezza, della solidità e del rispetto.

SEGRETO n. 3: l'Assimilativo (Blu, Terra) unisce la *riflessione* alla *razionalità*, ha bisogno di dati e informazioni per un'analisi *accurata* della situazione/trattativa. Tende ad essere più attratto dalle idee che dalle persone.

Hai uno Stile Convergente?

Se il tuo Stile è denominato Convergente, vuol dire che sei orientato prevalentemente verso la *Concettualizzazione Astratta* e la *Sperimentazione Attiva*, sei quindi una persona che fa della concretezza la sua arma migliore, ti fai volentieri carico di un problema e ne cerchi subito la soluzione, prendendo decisioni attive e immediate.

Se hai visto il film capolavoro *Pulp Fiction* di Quentin Tarantino, sei il "sono Mr. Wolf, risolvo problemi" nell'interpretazione magistrale di Harvey Keitel.

Non ti piace perdere tempo e una volta individuata una soluzione passi subito all'azione: per te sono molto importanti i *risultati*.

Sei per questo più orientato ai metodi che alle relazioni con gli altri e spesso sei una persona controllata nelle emozioni.

A volte la tua impazienza, il tuo voler raggiungere subito i risultati, ti porta a essere insensibile agli occhi delle persone o ad apparire tale e l'ascolto non è proprio il tuo punto di forza.

Ti irrita l'indecisione altrui e in situazioni stressanti tendi ad avere un piglio direttivo e ad essere risoluto.

Pur apprezzando l'aspetto razionale delle cose, non ti piace scendere troppo nei particolari, sei più orientato a sintetizzare e, una volta raccolte le informazioni che ti servono, passi subito all'azione, sia essa positiva o negativa, un sì o un no!

Tendi a non manifestare la tua espressività nascondendo la tua parte emotiva, nelle trattative di vendita rispetti la regola del *prima il dovere poi il piacere.*

Sei in linea di massima una persona che prende decisioni, per alcuni puoi essere per questa ragione autorevole, per altri puoi essere percepito come autoritario. Ti prendi volentieri la responsabilità delle decisioni prese, sai essere efficiente e apprezzi molto quando trovi nel tuo interlocutore le stesse caratteristiche. A meno che non abbia un'opinione totalmente diversa dalla tua.

Di contro l'inefficienza e l'indecisione ti provocano irritazione, tendi a diventare impaziente, non concepisci i tempi lunghi di una trattativa, questo ti porta a essere insensibile verso gli altri o comunque a essere percepito così, tanto da "chiudere i rubinetti" dell'ascolto se necessario e diventare molto perentorio.

Come diceva un vecchio proverbio dei nostri nonni, sei una persona da: *"una parola è poca e due sono troppe!"*.

Il colore associato al Convergente è il Rosso, il colore dell'azione, della decisione e della rabbia quando le cose non vanno come vorresti...

L'elemento è il Fuoco, che rappresenta la vitalità, l'agire, la passione e l'entusiasmo.

SEGRETO n. 4: il Convergente (Rosso, Fuoco) unisce la *razionalità* all'*azione*, è sempre in cerca di *risultati*, molto concreto nella risoluzione dei problemi. Tende a essere più focalizzato sulle cose che sulle persone.

Ti riassumo in questo efficace grafico le caratteristiche dei quattro Stili Relazionali:

ESPERIENZA CONCRETA - RELAZIONI
ORIENTATO ALLE PERSONE / RELAZIONI / EMOZIONI
PREVALENTEMENTE NON GESTISCE IL TEMPO

• Va in cerca di Riconoscimento • Coinvolge e vuole essere coinvolto • Impulsivo ed emotivo • Cerca soluzioni consensuali	• Va in cerca di Armonia • Ama parlare di situazioni personali • Riceve supporto non richiesto • Vuole essere rassicurato sulle scelte
ADATTIVO	**DIVERGENTE**
CONVERGENTE	**ASSIMILATIVO**
• Va in cerca del controllo dei Risultati • Accentra, si assume responsabilità • È efficiente e cerca persone efficienti • Vuole sintesi	• Va in cerca di Accuratezza • Vuole dati grezzi per fare valutazioni • È attento al metodo e ai tempi • Vuole molti dettagli

ORIENTATO ALLE ATTIVITÀ / PROCESSI / OBIETTIVI
PREVALENTEMENTE CONTROLLA IL TEMPO
CONCETTUALIZZAZIONE ASTRATTA - CONTENUTI

RIEPILOGO DEL CAPITOLO 3:

- SEGRETO n. 1: l'Adattivo (Giallo, Aria) unisce l'*emozione* all'*azione*, ha bisogno di *riconoscimento*, coinvolge e si lascia coinvolgere, è attivo e molto orientato alle relazioni.

- SEGRETO n. 2: il Divergente (Verde, Acqua) unisce l'*emozione* alla *riflessione*, ha bisogno di creare *armonia*, supporta e aiuta, mette a proprio agio gli altri e vuole essere sicuro del valore delle scelte.

- SEGRETO n. 3: l'Assimilativo (Blu, Terra) unisce la *riflessione* alla *razionalità*, ha bisogno di dati e informazioni per un'analisi *accurata* della situazione/trattativa. Tende ad essere più attratto dalle idee che dalle persone.

- SEGRETO n. 4: il Convergente (Rosso, Fuoco) unisce la *razionalità* all'*azione*, è sempre in cerca di *risultati*, molto concreto nella risoluzione dei problemi. Tende a essere più focalizzato sulle cose che sulle persone.

Capitolo 4:

Come riconoscere lo Stile del tuo cliente

Ecco la domanda delle domande!

Ma la risposta è semplicissima: mentre sei davanti al tuo interlocutore, o meglio ancora prima di incontrarlo, fagli fare lo stesso test che hai fatto anche tu.

(Non lo hai ancora fatto? Fallo subito!):

www.vendereconstile.it/test/

Risultato garantito!

Naturalmente scherzo, non sempre è possibile questo anche se, comunque, gli stai facendo un grande regalo.

Questo metodo ti dà la possibilità, concentrandoti su alcune particolarità che ti spiegherò in questo capitolo, di individuare che tipo di persona hai davanti: inizialmente non sarà immediato, ma con un po' di pratica vedrai dei risultati eccezionali.

Io lo uso da tanti anni e te lo posso garantire. Lo puoi chiedere a tutte le persone che lo hanno sperimentato dopo aver seguito i miei corsi e che, parole loro, si sono stupite per la semplicità e immediatezza del metodo.

A volte cerchiamo metodi difficili per risolvere situazioni semplici, questo è un metodo semplicissimo, che ha solo bisogno di un po' di pratica, per aiutarti anche in situazioni complesse.

È la prima volta che incontri il cliente? Finora hai sempre utilizzato il tuo proverbiale istinto? Impara questo semplice metodo e vedrai che, abbinato/combinato al tuo istinto, ti permetterà di raggiungere risultati straordinari.

È un cliente con il quale hai già avuto diversi contatti? Meglio, hai ancora più elementi da analizzare per capirne le caratteristiche e poter offrire ciò di cui ha realmente bisogno.

Quando si parla di metodo so per esperienza che nella maggior parte dei venditori, me incluso… almeno prima di conoscere il dottor Kolb, questa parola può generare un po' di fastidio, tanto che la prima obiezione è sempre la stessa: "la vendita è un fatto di istinto, io ho sempre fatto così, improvvisando al momento e nella stragrande maggioranza dei casi è andata bene".

Considera che le persone che mi danno questo feedback normalmente si ricordano solo le trattative andate a buon fine. Questo fatto è utile per mantenere la motivazione alta.
Dall'altro lato, ti impedisce di cogliere le tante opportunità di crescita e di business di cui non hai saputo approfittare. In più, spesso capita di addossare quasi sempre la responsabilità dell'insuccesso all'altro.

Mi viene sempre in mente quando una sera ero seduto in un locale e ascoltavo alcune band musicali che si esibivano dal vivo.

Al tavolo accanto al mio era seduto, da solo, il grande Pino Daniele, intento tranquillamente a bersi una birra e ascoltare la musica proposta da questi giovani gruppi. A fine serata il padrone del locale, nel ringraziare chi aveva suonato, non poté non ringraziare anche Pino, suo amico, che aveva onorato il luogo con la sua presenza.

Con molto garbo, visto il momento di relax che si stava godendo Pino Daniele, consapevole di quanto egli ami suonare, lo invitò a sentirsi libero di prendere la chitarra qualora avesse voluto suonare qualcosa. Lo strumento sarebbe rimasto a sua disposizione.

Per farla breve, Pino Daniele si alzò, prese in mano la chitarra non sua, pochi secondi per accordarla e, senza dire una parola, partì in un meraviglioso assolo che durò almeno 15 minuti, tempo in cui tutta la sala sembrò paralizzata, clienti e camerieri compresi.

Passato questo tempo senza tempo, posò la chitarra, e ancora, senza dire una sola parola, tornò al tavolo a sorseggiare la sua birra, lasciando ancora tutti con la bocca aperta ed estasiati da tanta geniale bravura.

67

Perché ti racconto questo episodio? Perché in quel momento ho capito che improvvisazione è sinonimo di preparazione, ho capito che dietro a quei minuti usciti un po' per caso, ci sono interminabili minuti, ore, giorni, mesi, anni di studio profondo e intenso, di fatica, di sudore, di passione, di insuccessi, di lacrime, di cambiamenti, di metodo, che hanno portato un talento di quel calibro a ottenere i successi che ha ottenuto e che gli hanno permesso di far viaggiare l'istinto, un'istintività che poggiava però su una grande piattaforma di esperienza.

Che impatto ha questa riflessione sul nostro lavoro di venditori?
La vendita, la comunicazione, la relazione con l'altro sono frutto anche del nostro istinto, ma per essere realmente efficaci devono poggiare su una base solida di studio e di applicazione, di fatica e di risultati, di metodologia che permetta all'istinto di "giocare" al meglio delle proprie possibilità.

Il metodo non imprigiona l'istinto, al contrario, gli dà la possibilità di volare ancora più leggero.

Torniamo al grafico che abbiamo visto a pagina 26:

Cercare di identificare all'istante un cliente, ancora di più se è la prima volta che lo incontri, non è sempre semplice, soprattutto se cerchi subito di "inserirlo" in uno dei 4 quadranti.

Puoi però usare quella che chiamo una "scorciatoia di pensiero", che ti consente, anche senza una precisione assoluta, di avvicinarti molto a capire lo Stile Relazionale del tuo cliente.

Come fare?

Il "trucco" è di dividere il grafico a metà e ragionare prima sul dualismo *emozione-razionalità* e in seguito sul dualismo *azione-riflessione.*

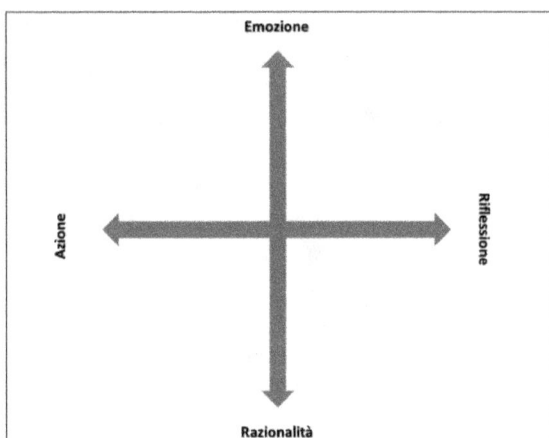

Cerco di spiegarmi meglio attraverso degli esempi.

Supponiamo di incontrare per la prima volta un possibile cliente, ma l'esempio vale anche per chi già conosciamo, anzi, in questo caso abbiamo ancora più elementi che ci possono aiutare a individuarlo con maggiore precisione.

Ti stai avvicinando per salutare il tuo cliente o la tua cliente: come si sta comportando in questa fase? Ti viene incontro e percepisci cordialità in questo? Riconosci la volontà e il piacere dell'entrare in relazione? Ti sorride e manifesta con il proprio viso le emozioni? Ti stringe la mano con calore e coinvolgimento? Prima di entrare nel merito dell'incontro tende a parlarti del più e del meno, del tempo, della famiglia, delle vacanze, condividendo delle riflessioni personali?

Bene, se sei davanti a un cliente con queste caratteristiche è probabile – ricorda che non esiste l'assoluto – che si trovi nella parte alta del grafico, quella relativa alla sfera emotiva.

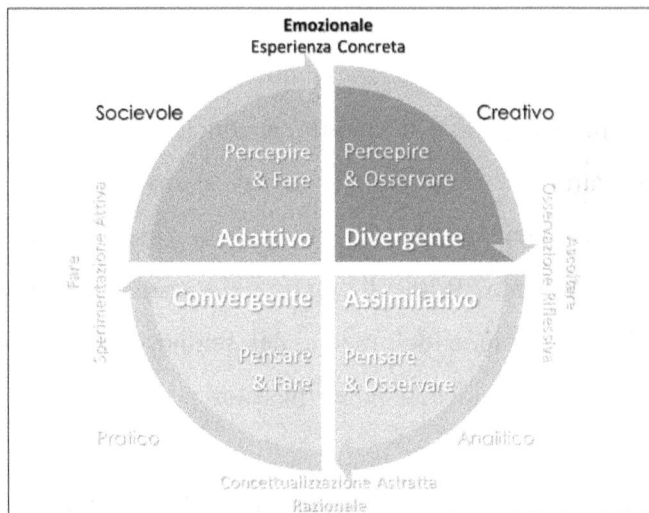

Ci sono ancora altri particolari che potrebbero aiutarti nel confermare questa prima impressione.

Anche se ti ha dato un appuntamento non riesce a essere preciso e focalizzato sull'incontro?

Tende a distrarsi e a interrompersi con telefonate o visite improvvise di collaboratori?

Questo comportamento è tipico di chi sta nella parte alta del grafico, dove non si ha una razionale gestione delle attività nel tempo.

Il tuo cliente potrebbe essere un Adattivo (Giallo) o un Divergente (Verde), ancora non sai se l'uno o l'altro ma sei già un bel passo avanti.

Per definirlo più precisamente aspetta di aver letto tutto il capitolo, non potrai sbagliare.

SEGRETO n. 1: il tuo cliente ti accoglie manifestandoti emozione, cordialità, sorriso, il piacere di entrare in relazione con te? È molto probabile che il suo Stile sia l'Adattivo o il Divergente.

Torniamo alle prime impressioni "registrate"' durante l'incontro.

Al contrario di quanto visto nelle righe precedenti, se il cliente ci accoglie con una gentilezza "fredda", con distacco relazionale, se rimane più riservato e non manifesta chiaramente le proprie emozioni?

Se durante le fasi della visita non si lascia andare a riflessioni personali o familiari e quando parla lo fa in modo lineare e organizzato, non saltando da un argomento all'altro?

Bene, è probabile e non assoluto che possa stare nella parte bassa del grafico, dove viene evidenziata la sfera razionale più che quella emotiva.

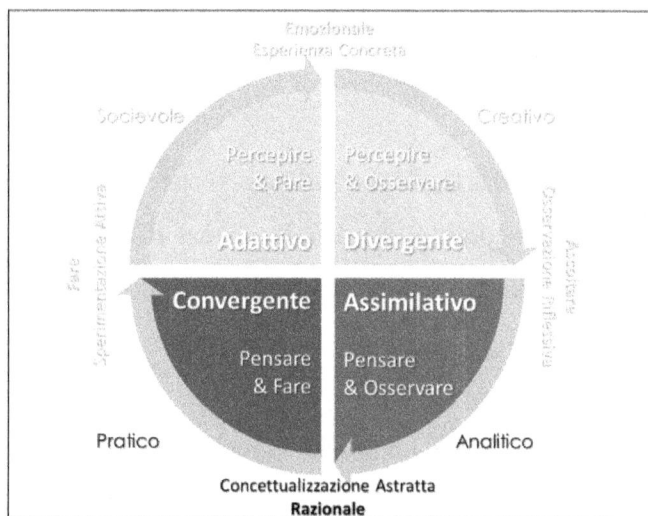

Anche qui possiamo fare riferimento ad altri parametri che ci possono aiutare a confermare questa ipotesi.

Gestisce l'appuntamento in maniera organizzata ed è attento ai tempi dell'incontro? Rimane focalizzato sull'argomento della visita e non si fa interrompere da collaboratori e telefonate se non per casi importanti e urgenti?

Sei davanti a un cliente che potrebbe essere un Assimilativo (Blu) o un Convergente (Rosso) e anche se non lo hai individuato con precisione ci sei molto vicino.

SEGRETO n. 2: il tuo cliente rimane più riservato, il suo atteggiamento tende a essere più formale, non manifesta particolari emozioni pur nella cordialità dell'incontro? Probabilmente il suo Stile Relazionale sarà quello dell'Assimilativo o del Convergente.

Passiamo adesso a cercare di capire se il nostro cliente è più orientato alla riflessione o all'azione.

Stai argomentando il motivo della visita o iniziando a spiegare il tuo prodotto/servizio, il tuo cliente ti ascolta con attenzione ma in silenzio? Non esprime apertamente le proprie idee, né interagendo né con cenni vistosi del capo o evidenti espressioni facciali?
Prima di interrompere la tua presentazione aspetta gentilmente il proprio turno di parola? Fa tendenzialmente domande "aperte" che mirano a capire meglio il concetto?
È probabile, anche se è inutile che a questo punto ti ribadisca il

concetto del non assoluto ma lo faccio lo stesso, che il cliente che hai di fronte sia orientato nella parte della riflessione.

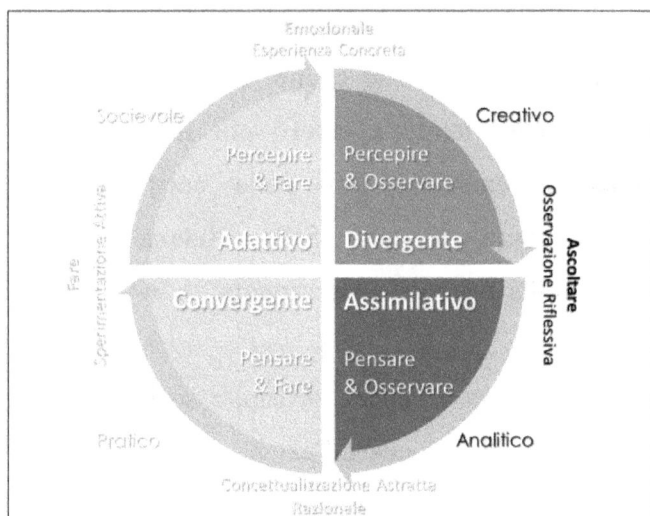

Altri particolari potrebbero essere: ha bisogno di più informazioni e di più tempo per decidere? Riflette prima di agire? Parla con un eloquio calmo e dettagliato? Bingo, ci siamo, è sicuramente un Divergente o un Assimilativo!

SEGRETO n. 3: il tuo cliente ti ascolta con attenzione senza interromperti, aspetta che tu finisca prima di parlare, riflette

e non entra subito in azione, è tendenzialmente calmo e riflessivo? È possibile che tu abbia a che fare con un cliente con Stile Divergente o Assimilativo.

Al contrario, è un cliente che ti interrompe sempre quando stai parlando, interagisce con te tanto che a volte "ti parla sopra", chiarisce subito la propria posizione, agisce spesso di impulso cercando subito una soluzione al proprio bisogno?
È sicuramente nella parte sinistra del grafico, per lui il passare subito all'azione è pane quotidiano.

Parla spesso per affermazioni e tendenzialmente ti rivolge domande chiuse, quasi per confermare le proprie considerazioni?
Parla con velocità e in maniera sintetica, senza entrare in lunghi ragionamenti? Sei davanti a un Convergente o a un Adattivo, non puoi sbagliare!

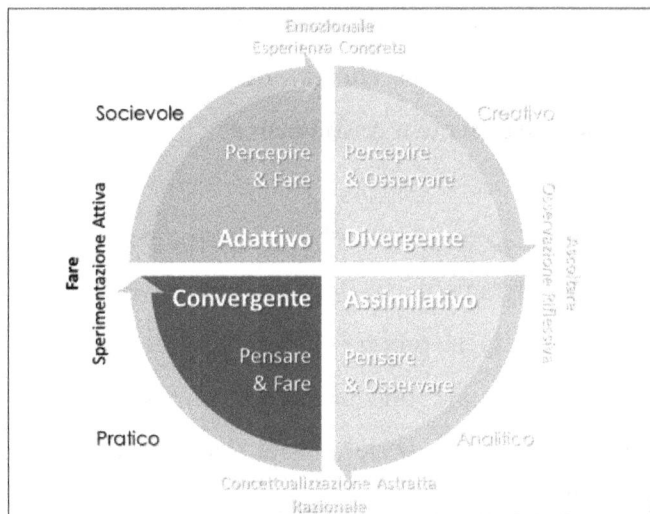

SEGRETO n. 4: il tuo cliente tende a passare subito in azione? Ti interrompe mentre parli, agisce di impulso e tende più a fare affermazioni che domande? È possibile che il suo Stile sia quello del Convergente o dell'Adattivo.

Naturalmente tutte queste "prime impressioni" hanno bisogno di ulteriori conferme nel tempo, quindi è consigliabile non "etichettare" subito il tuo cliente ma definirne lo Stile un po' alla volta, arricchendone il profilo con ulteriori parametri.

Bene, a questo punto, come in una divertente battaglia navale "psicologica", unisci le caratteristiche che abbiamo individuato finora e avrai il profilo probabile del tuo cliente, senza far compilare il questionario: quello lo potrai comunque far fare in seguito, quando avrai stabilito un rapporto professionale/amicale.

- Cliente Adattivo (Giallo): ti accoglie con apertura, con sorriso, emotivamente è coinvolto e interagisce con te in maniera dinamica, tende a passare all'azione senza riflettere.

- Cliente Divergente (Verde): ti accoglie con apertura, con sorriso, emotivamente è coinvolto, riflette mentre parli e ti parla quando hai finito un discorso, tende a non prendere decisioni immediate.

- Cliente Assimilativo (Blu): ti accoglie con cordialità distaccata, rimane più riservato e molto focalizzato sull'obiettivo dell'incontro, ti chiede più dati e informazioni dettagliate, riflette molto mentre parli e ti parla solo quando hai finito il tuo discorso, tende a non prendere decisioni immediate.

- Cliente Convergente (Rosso): ti accoglie con cordialità distaccata, rimane più riservato e molto focalizzato sull'obiettivo dell'incontro, prende velocemente delle decisioni senza riflettere ed è molto risoluto.

RIEPILOGO DEL CAPITOLO 4:

- SEGRETO n. 1: il tuo cliente ti accoglie manifestandoti emozione, cordialità, sorriso, il piacere di entrare in relazione con te? È molto probabile che il suo Stile sia Adattivo o Divergente.

- SEGRETO n. 2: il tuo cliente rimane più riservato, il suo atteggiamento tende a essere più formale, non manifesta particolari emozioni pur nella cordialità dell'incontro? Probabilmente il suo Stile Relazionale sarà quello dell'Assimilativo o del Convergente.

- SEGRETO n. 3: il tuo cliente ti ascolta con attenzione senza interromperti, aspetta che tu finisca prima di parlare, riflette e non entra subito in azione, è tendenzialmente calmo e riflessivo? È possibile che tu abbia a che fare con un cliente con Stile Divergente o Assimilativo.

- SEGRETO n. 4: il tuo cliente tende a passare subito in azione? Ti interrompe mentre parli, agisce di impulso e tende più a fare affermazioni che domande? È possibile che il suo Stile sia quello del Convergente o dell'Adattivo.

Capitolo 5:
Come relazionarti col tuo cliente

Ti sarà già capitato di incontrare per la prima volta un cliente – ma vale anche per una conoscenza occasionale, magari durante una cena oppure in un'occasione lavorativa – e percepire subito una naturale empatia?

Avrai sicuramente pensato: ma che bello, ma come è stato gentile, mi sembra di conoscerlo da tanto tempo.

Certo, potrebbe dipendere da più fattori che non è il caso di esplorare in questo libro, ma è molto probabile che lo Stile Relazionale della persona che hai incontrato per la prima volta e con la quale sei subito entrato in empatia sia il tuo stesso Stile Relazionale.

Voglio dire, con giustificata approssimazione, che se ad esempio hai uno Stile Divergente, sicuramente percepirai come simile a te

82

un'altra persona con lo Stile Divergente come il tuo, perché ricerchi nell'altro, a livello inconscio, quello che fa piacere a te, quello di cui hai bisogno nella relazione.

Lo stesso vale per un Adattivo nei confronti di un altro Adattivo, per un Assimilativo verso un altro Assimilativo e infine per un Convergente con un altro Convergente.

Fin qui tutto semplice, vero? Ma come dovrai comportarti quando incontrerai una persona con uno Stile Relazionale diverso dal tuo? A cosa porre attenzione? Quale dovrebbe essere il tuo approccio?

Mi auguro che da adesso in poi non ti limiterai più ad affermare che se non sei riuscito a portare a termine una trattativa commerciale con un tuo possibile cliente la "colpa" è dell'altro, che magari era antipatico, o scontroso, oppure superficiale, inconcludente ecc.: se sei arrivato fin qui nella lettura di questo libro sei sicuramente sulla buona strada per comprendere e riconoscere sia il tuo Stile sia quello del tuo cliente e agire di conseguenza.

Da adesso hai molte armi in più per riflettere sulla conclusione della trattativa, sia che essa sia andata a buon fine oppure fallita miseramente.

Come mi sono approcciato al mio cliente?

Ho avuto rispetto dei suoi tempi decisionali?

Ho capito davvero i suoi bisogni?

Sono stato troppo prolisso o troppo conclusivo?

L'ho avvicinato con troppa enfasi o con poco entusiasmo?

Cercherò di rispondere a ogni domanda in quest'ultimo capitolo del libro.

Cliente Adattivo (Giallo)

Iniziamo dall'aver individuato nel tuo interlocutore uno Stile Adattivo, se per te è più semplice possiamo definirlo un Giallo.

Cosa è importante per uno come lui? Ha sicuramente bisogno di riconoscimento, ormai questo dovresti averlo compreso bene, è una persona che coinvolge e si lascia coinvolgere piacevolmente.

Per questo lo devi far sentire "importante", considerando le sue opinioni come rilevanti e addirittura richiederle, per avere una conferma che il prodotto/servizio che gli stai proponendo sia quello funzionale per lui.

Non ha bisogno di troppi dati e informazioni, anzi troppi report e schede tecniche gli danno fastidio, anche se il suo ruolo magari li prevedono. Ha invece necessità di emozionarsi, di vivere la relazione, per prendere le giuste decisioni.

Per fare dei semplici esempi, a un cliente Adattivo fa piacere sentirsi dire: "Quando ci hanno presentato questo prodotto/servizio nell'ultimo meeting ho pensato subito a te".

"Vorrei avere la tua opinione su questo prodotto, tu sei competente su questo e per noi è molto importante".
"Cosa ne pensi?".

Una presentazione molto dinamica è preferibile, apprezza le belle brochure colorate o i video brevi e coinvolgenti.

- Se hai uno Stile Divergente, ricordati che con il cliente Adattivo hai in comune la sfera dell'emotività ed è lì che hai buon gioco. Sai essere coinvolgente e sai trovare i giusti modi per entrare in un'efficace modalità di relazione.
  Di contro, stai attento ai tuoi e ai suoi tempi – perdonami il gioco di parole – le sue decisioni avvengono più in rapidità di quanto tu possa prevedere e mentre tu stai parlando, perché a te Divergente piace tanto parlare…, lui è già in azione, nel bene e nel male.

- Se invece il tuo Stile è Convergente e approcci un cliente Adattivo, hai l'asse dell'azione in comune e questo vi facilita nei tempi di decisione.
  Di contro tu tendi a non dare spazio alla socialità e la tua

razionalità poco si sposa con la ricerca dell'emozione che è prioritaria nel cliente con Stile Adattivo.

- Se invece il tuo Stile è Assimilativo devi porre ancora più attenzione perché siete agli opposti.
La tua ricerca di perfezionismo non è molto apprezzata da un cliente Adattivo, che non ha bisogno di tutti quei dati e numeri per prendere una decisione.

Inoltre, tu tendi a impostare una relazione sul piano della razionalità, che per te vuol dire professionalità, ma che potrebbe essere percepita come fredda dal tuo interlocutore: dovresti "sforzarti" di essere più sorridente, più empatico, più coinvolgente, senza stravolgere la tua natura ma venendo incontro alle esigenze del tuo cliente.

Questo per te potrebbe venirti difficile, ma non impossibile, quando si affronta un'area di miglioramento si fatica sempre all'inizio ma poi si prende anche gusto a ripercorrerla di nuovo.

SEGRETO n. 1: sei con un cliente Adattivo?

Per te Adattivo è come giocare in casa, stai solo attento a non rubargli la parola.

Per te Divergente: dal punto di vista relazionale nessun problema, occhio ai tempi, passa subito all'azione.

Per te Convergente: siete tutti e due pronti all'azione, devi curare di più l'aspetto della relazione e dell'empatia.

Per te Assimilativo: meno numeri e dati, non ne ha bisogno, più empatia, socialità, coinvolgimento e... sorriso!

Cliente Divergente (Verde)

E se ho davanti un cliente Divergente (Verde)?

Abbiamo già visto che per il Divergente la parola "Noi" è molto importante, il bene comune prevale sull'aspetto personale, quello di cui ha bisogno è la ricerca dell'armonia nel suo ambiente lavorativo, ha i suoi tempi per decidere e vuole essere rassicurato di aver fatto la scelta giusta.

Per fare un semplice esempio, una domanda apprezzata da un cliente Divergente potrebbe essere:

"Credo che questo prodotto/servizio possa portare beneficio al tuo ufficio (alla tua azienda, ai tuoi clienti o pazienti), queste sono le referenze, i dati, che possono testimoniarlo, cosa ne pensi?".

- Se il tuo Stile è Adattivo avete in comune l'asse emotivo, per voi è facile entrare subito in empatia, dovresti sicuramente rallentare il tuo ritmo di approccio e di "parlato", adattandoti ai suoi tempi che non sono i tuoi.

Ha bisogno di pensare che il prodotto/servizio che gli stai proponendo possa portare beneficio al suo gruppo di lavoro o alla sua organizzazione, ha necessità di esaminare i suoi bisogni e i dati che li soddisfino con più attenzione, ti farà delle domande aperte alle quali dovrai cercare di rispondere evitando le affermazioni, come sei tentato di fare sempre, ma di capire davvero il suo punto di vista rassicurandolo sulle scelte da fare.

Spesso tu tendi a mettere fretta nella conclusione della trattativa... rallenta!

- Se il tuo Stile è Assimilativo, avete in comune l'asse della riflessione, ossia avete i tempi giusti per interagire, vi piace maneggiare i dati e le informazioni anche se non c'è bisogno di scendere troppo in profondità solo sul dato freddo, ma anche sui bisogni che potrebbero interessarlo.

Il tuo essere troppo razionale potrebbe non coinvolgerlo emotivamente e quindi lo sforzo da compiere è quello di fare un passo verso l'aspetto emotivo del Divergente e non concentrarti solo sui "freddi" numeri, cosa che tu fai sempre molto volentieri. Attenzione ai tempi decisionali: per le caratteristiche di entrambi tendete a prendervi dei tempi lunghissimi, a volte bisogna un po' spingere per arrivare a una conclusione della trattativa.

- E se sei un Convergente? Attenzione, sei su un territorio minato, sei un po' come l'elefante in una fabbrica di cristalli! Il tuo fare deciso non si sposa con l'atteggiamento calmo e riflessivo del Divergente, avete tempi di interazione completamente diversi, devi assolutamente rallentare e rendere armoniosa la trattativa; cercare di entrare in sintonia in questo caso vuol dire per te parlare di più, essere più coinvolgente, "rotondo" nella comunicazione e anche un po' di sorriso non guasta.

Per te il cliente Divergente ha dei tempi che sembrano lunghissimi, infiniti, non si arriva mai a una conclusione, ma devi allinearti se vuoi rispettare il cliente. Questo sforzo ti serve per arrivare a una relazione di fiducia.

Non sarà per te facile e solo l'idea che passerai del tempo a parlare del più e del meno ti provoca nervosismo: rilassati e goditi l'accoglienza del Divergente, il suo esitare e la sua parte emotiva, il suo bisogno di avere da te più dati per prendere insieme la giusta decisione.

SEGRETO n. 2: sei con un cliente Divergente?

Per te Divergente sei nel tuo acquario, nel tuo territorio, fai attenzione ai tempi. Dopo aver costruito un legame di fiducia, portalo con calma a prendere una decisione.

Per te Adattivo: empaticamente entrate subito in relazione, rispetta i suoi tempi e fornisci qualche dato/informazione in più sui bisogni che puoi soddisfare per rassicurarlo sulla decisione da prendere.

Per te Assimilativo: tempi e dati giusti, anche senza bisogno di entrare troppo nel dettaglio, cura di più la relazione e l'armonia. Orientati verso i suoi reali bisogni.

Per te Convergente: non essere troppo decisionista, crea la relazione, concedi il tempo della riflessione e condividi qualche dato e informazione connessa con i suoi bisogni per coinvolgerlo di più.

Cliente Assimilativo (Blu)

Abbiamo già visto insieme che chi ha uno Stile Assimilativo (Blu) ha il bisogno concreto di avere dati, informazioni, ricerche, statistiche che gli possono consentire di fare un'analisi dettagliata e accurata prima di prendere una decisione.

È sicuramente più interessato a un approccio razionale e distaccato che emotivo e coinvolgente, con dei tempi di riflessione e studio dei dati che per gli altri Stili potrebbero sembrare lunghi, ma che per un Assimilativo rappresentano il tempo efficace per una risposta seria e competente.

Un tipo di approccio semplificativo per un Assimilativo potrebbe essere: "Le ho portato tutti i dati e le informazioni in mio possesso per riflettere su quanto ci siamo detti (scheda prodotto/statistiche/previsioni/foglio Excel con parametri, calcoli), faccia le sue personali considerazioni e tornerò la prossima volta per un secondo approfondimento".

- Se il tuo Stile è Divergente non avrai nessun problema ad allinearti ai tempi lunghi dell'Assimilativo, siete tutti e due nell'asse della riflessione e dell'analisi dei dati (più dettagliata per l'Assimilativo, meno dettagliata per il Divergente) e delle informazioni.

Attenzione ai tempi che potrebbero risultare lunghi per prendere una decisione e soprattutto attenzione all'aspetto razionale/emotivo: la razionalità dell'Assimilativo ti potrebbe mettere in difficoltà e tu che tendi ad avere una comunicazione "morbida e coinvolgente" puoi senz'altro renderla più aderente ai fatti e ai dati e meno emozionale.

- Se il tuo Stile è Convergente il vostro campo comune è quello razionale, non avete bisogno di troppi "fronzoli" emotivi, quelle che per voi sono "smancerie" comunicative.

Attenzione al concetto del tempo e dei dati: mentre per te Convergente il tempo è prezioso e non va sprecato per analisi troppo approfondite, il tuo interlocutore Assimilativo ha bisogno di avere più tempo per darti la giusta risposta e questo potrebbe innervosirti.

-Se hai uno Stile Adattivo fai attenzione, con un cliente Assimilativo potresti farti male!

Se credi di coinvolgerlo con il tuo sorriso, con il tuo fare amicale e coinvolgente, se fai affidamento inconsciamente sul concetto "fidati di me", sei fuori strada e il cliente Assimilativo non tollera questo.

Per fidarsi ha bisogno che tu faccia il grossissimo sforzo di fornirgli tutti i dati e le informazioni di cui ha bisogno, solo di questo si fida ciecamente e non di chiacchiere e distintivo! Sto volutamente estremizzando il concetto per farti riflettere su quanto siete diversi e che sei tu che dovresti fare uno sforzo in più per soddisfare il bisogno di accuratezza del cliente Assimilativo.

Attenzione, vorrei essere ancora più chiaro: non si tratta di "snaturarsi" o perdere di naturalezza, vuol dire avere rispetto per l'altro, per le caratteristiche del tuo cliente.

Se il cliente, per una sua libera decisione, ha bisogno di schede tecniche o informazioni dettagliate, tu devi essere in grado di presentarle, anche e soprattutto se hai passato tutta la notte a prepararti. E lui lo apprezzerà, non perché avrai cercato di "scimmiottarlo" ma perché hai lavorato e faticato per prepararti all'incontro.

Un'ultima cosa: non pretendere che il cliente Assimilativo ti possa dare una risposta in tempi brevi, come sei abituato tu. Dagli il tempo di ragionare, riflettere, analizzare, solo dopo potrà darti soddisfazione, non mettergli fretta perché andresti incontro a un'unica risposta: no!

SEGRETO n. 3: sei con un cliente Assimilativo?

Per te Assimilativo no problem, ricordati di aiutarlo con i dati a prendere una decisione.

Per te Divergente: meno aspettative sul piano emozionale, più dati e informazioni aderenti ai fatti.

Per te Convergente: dagli il tempo per analizzare dati e informazioni dettagliate, non pressarlo troppo.

Per te Adattivo: non serve quel gran sorriso, anzi è controproducente. Più distacco emozionale, più dati, informazioni, statistiche e concedi più tempo di riflessione.

Cliente Convergente (Rosso)

Qui si fa dura, perché il cliente Convergente è molto esigente, non ha bisogno di chiacchiere ma di poche parole, di fatti concreti, misurabili che portano soltanto a un'unica soluzione.

Ma se conquisti un cliente Convergente e sai soddisfare i suoi bisogni, sai anche che per un eventuale competitor sarà una montagna difficilissima da scalare e dovrà sudare parecchio!

Un Convergente è Rosso Fuoco, fa dell'azione la sua parte più forte e, unita alla sua anima razionale, tende a entrare subito nel merito delle cose senza preamboli.

- Per un venditore Adattivo avere un cliente Convergente vuol dire lavorare subito nell'azione, se riesci a sintetizzare con poche notizie e fatti concreti, lo hai già conquistato. Dimentica però la parte relazionale ed emotiva, non ce n'è bisogno, anzi, rischi di innervosirlo.

- Per un venditore Assimilativo che ha a che fare con un cliente Convergente, sicuramente andrete d'accordo subito sulla parte razionale, le emozioni non sono il vostro forte ed è meglio lasciarle da parte.

Avete però un concetto diverso della gestione tempo e dei tempi di reazione: qui dovresti fare uno sforzo per velocizzare i tuoi in funzione dei suoi, non serve portare dati e informazioni molto dettagliate, ma avere il dono della sintesi e tirar fuori vantaggi/soluzioni che la tua offerta potrebbe portare a lui o alla sua azienda.

- Per un venditore Divergente... si mette male...
A te piace così tanto cominciare dalla parte conviviale, argomentare il motivo della tua visita, coinvolgere il cliente e dare valore alla relazione, che è esattamente il contrario di quanto il Convergente si aspetta dal vostro incontro.

Devi essere davvero bravo e preparato per mettere da parte la tua indole emozionale forte e andare subito al dunque, senza preamboli e giri di parole: pochi concetti, indirizzati e utili, fanno la differenza. Non serve parlare del più e del meno, della famiglia o delle vacanze trascorse o da trascorrere, dello sport o degli hobby, non comunque prima di aver parlato di business o del motivo dell'incontro.

Non che al cliente Convergente non faccia piacere parlare di "altro", ma va fatto nel momento giusto e con tempi efficaci, ossia dopo!

Mentre per te, faccio un banale esempio, una visita perfetta dovrebbe iniziare con i "preliminari", magari un caffè da sorseggiare insieme mentre si chiacchiera davanti al distributore o al bar e poi parlare di lavoro, per un cliente Convergente la procedura è esattamente all'opposto: prima il dovere e poi, se c'è tempo e se ne ha voglia, il piacere.

Quindi, inizia subito con l'obiettivo della tua visita, esponi sinteticamente i vantaggi del tuo prodotto/servizio e dei risultati che il cliente potrà ottenere: la risposta affermativa o negativa del cliente Convergente sarà quasi immediata, poi potrai, forse, dedicarti ai convenevoli.

Non sarà per te facile, soprattutto per velocizzare l'approccio e l'eloquio e, anche se concluderai l'ordine o porterai a buon fine la trattativa, ti rimarrà sempre una sensazione di avere fatto tutto di fretta, anche se questa è solo una tua impressione, e con poca soddisfazione dal punto di vista relazionale ed emotivo.

Ma avrai conquistato il cliente, rispettandolo nei suoi valori e nella sua modalità di relazionarsi.

SEGRETO n. 4: sei con un cliente Convergente?
Per te Convergente nessun problema, subito sul concreto!
Per te Adattivo: non c'è bisogno di "smancerie" e convenevoli, pochi dati e concretezza e si passa subito all'azione.
Per te Assimilativo: la razionalità è il vostro pane quotidiano, meno informazioni dettagliate ma più sintesi e tempi stretti.
Per te Divergente: sii conviviale il minimo indispensabile, più concretezza e focus sull'obiettivo, proponi vantaggi e soluzioni rapide.

Sintesi del Modello degli Stili Relazionali

STILE	ADATTIVO	DIVERGENTE	ASSIMILATIVO	CONVERGENTE
VA IN CERCA DI	Riconoscimento	Armonia	Accuratezza dei dati	Risultati
PUNTI DI FORZA	Persuasione Intrattenimento Diffusione	Ascolto Teamwork Esecuzione	Pianificazione Sistematizzazione Orchestrazione	Leadership ed efficacia Iniziativa e organizzazione Controllo processi
AREE DI MIGLIORAMENTO	Disinteresse per i dettagli Attenzione limitata Esecuzione inadeguata	Eccesso di sensibilità Lentezza di esecuzione Mancanza di prospettiva generale	Perfezionismo Criticismo Mancanza di reattività	Impazienza Insensibilità agli altri Indisponibilità all'ascolto
SI IRRITA PER	Routine Complessità	Insensibilità Impazienza	Disorganizzazione Scorrettezza	Inefficienza Indecisione
SOTTO STRESS DIVENTA	Impulsivo	Sedentario Rigido	Spietato	Direttivo
SOTTO LA SPINTA DELLA PAURA DIVENTA	Poco selettivo	Rigido	Critico	Arrogante

RIEPILOGO DEL CAPITOLO 5:

- SEGRETO n. 1: sei con un cliente Adattivo?

  Per te Adattivo è come giocare in casa, stai solo attento a non rubargli la parola.

  Per te Divergente: dal punto di vista relazionale, nessun problema, occhio ai tempi, passa subito all'azione.

  Per te Convergente: siete tutti e due pronti all'azione, devi curare di più l'aspetto della relazione e dell'empatia.

  Per te Assimilativo: meno numeri e dati, non ne ha bisogno, più empatia, socialità, coinvolgimento e... sorriso!

- SEGRETO n. 2: sei con un cliente Divergente?

  Per te Divergente sei nel tuo acquario, nel tuo territorio, fai attenzione ai tempi. Dopo aver costruito un legame di fiducia, portalo con calma a prendere una decisione.

  Per te Adattivo: empaticamente entrate subito in relazione, rispetta i suoi tempi e fornisci qualche dato/informazione in più sui bisogni che puoi soddisfare per rassicurarlo sulla decisione da prendere.

  Per te Assimilativo: tempi e dati giusti, anche senza bisogno di entrare nel dettaglio, cura di più la relazione e l'armonia. Orientati verso i suoi reali bisogni.

Per te Convergente: non essere troppo decisionista, crea la relazione, concedi il tempo della riflessione e condividi qualche dato e informazione connessa con i suoi bisogni per coinvolgerlo di più.

- SEGRETO n. 3: sei con un cliente Assimilativo?

Per te Assimilativo no problem, ricordati di aiutarlo con i dati a prendere una decisione.

Per te Divergente: meno aspettative sul piano emozionale, più dati e informazioni aderenti ai fatti.

Per te Convergente: dagli il tempo per analizzare dati e informazioni dettagliati, non pressarlo troppo.

Per te Adattivo: non serve quel gran sorriso, anzi è controproducente! Più distacco emozionale, più dati, informazioni, statistiche e concedi più tempo di riflessione.

- SEGRETO n. 4: sei con un cliente Convergente?

Per te Convergente nessun problema, subito sul concreto!

Per te Adattivo: non c'è bisogno di "smancerie" e convenevoli, pochi dati e concretezza e si passa subito all'azione.

Per te Assimilativo: la razionalità è il vostro pane quotidiano, meno informazioni dettagliate ma più sintesi e tempi stretti.

Per te Divergente: sii conviviale il minimo indispensabile, più concretezza e focus sull'obiettivo, proponi vantaggi e soluzioni rapide.

Conclusioni

Ci si avvicina a questo mondo quasi per caso, a volte come "ultima spiaggia", dopo averne provate tante, quasi come a voler dire: ma sì, provo anche questa, cos'altro potrei fare?
Chi di noi ha sognato fin da piccolo di fare il venditore?

Forse qualche rara eccezione ci sarà, ma da bambini si sogna di diventare astronauti, ballerine, maestre, calciatori, attrici, parrucchieri, pompieri, piloti di auto da corsa, di aerei e anche di ruspe...

Ma poi questa professione ti entra nell'anima, ti avvolge, ti rende partecipe e attore protagonista della vita che stai vivendo. Ma lascia anche a te la scelta di come percorrere questa strada, di come evolverti nel percorso, a che velocità andare e anche la possibilità di rallentare e fermarti.

La nostra cultura, anche se molto sta cambiando, relega questa professione nei gradini bassi della scala sociale e senza una reale giustificazione, visto che ti può consentire davvero di vivere la vita che vuoi, con ottimi guadagni e una vita sociale e relazionale ricca e motivante.

Eppure, anche se è sempre una delle professioni più ricercate dal mercato e avere una valida rete di vendita permette a un'azienda di crescere costantemente, è una figura che non ha neppure una precisa denominazione.

Che tu sia venditore, addetto alle vendite, promotore alle vendite, procacciatore di affari, rappresentante, agente di commercio, agente di vendita, commerciale, funzionario commerciale, consulente, oppure inglesizzando account, promoter, sales man, sales agent, sales rappresentative, sales assistant, sales executive, key account manager, il destino è nelle tue mani!

Puoi scegliere di renderlo più ricco, più stimolante, più interessante, oppure no.

In un mondo sempre più competitivo come quello che stiamo oggi vivendo, la professionalità, la competenza, l'attenzione ai particolari, la programmazione delle attività, l'avere un obiettivo chiaro e specifico, avere una pianificazione dei giusti tempi, in poche parole essere formato per questo, faranno sempre di più la differenza.

Se c'è una cosa che è cambiata davvero negli ultimi anni di questa professione è che non c'è più spazio per l'approssimazione, per il dilettantismo e il pressappochismo, e per fortuna, direi…

Ma molto di questo dipenderà da te, perché sei tu l'imprenditore di te stesso, della tua azienda. Non puoi delegare ad altri la tua crescita e il tuo futuro, non puoi aspettare o pretendere che l'azienda per la quale lavori costruisca un percorso formativo *ad hoc* per te: se lo farà tanto meglio, ma non ti può bastare, non ti deve bastare!

Aver cura della propria vita, sia essa personale o professionale, come un buon padre o una buona madre di famiglia sa fare, è anche sapere ciò che ti serve per investire sulla tua crescita.

Questa società ha bisogno della tua professionalità, la tua azienda ha bisogno della tua professionalità, tu per primo hai bisogno della tua professionalità.

Sai bene che dovrai essere bravo a tenere i conti in regola, a conoscere le regole della fiscalità e dell'economia, a saper fare un business plan o un report, a saper scrivere una mail e leggere una statistica.

Dovrai ancora di più essere bravo a relazionarti in maniera efficace con il mondo che è intorno a te, soprattutto dovrai essere bravo con te stesso, dedicandoti alla tua crescita professionale, comprendere qual è il tuo Stile Relazionale e come interfacciarti con gli altri.

Spero di esserti stato di aiuto in questo, di averti dato la possibilità di uno spunto di riflessione e di averti dato anche uno strumento pratico che possa essere per te una spinta per approfondire un mondo così affascinante come quello dell'uomo e del suo percorso di crescita e di evoluzione.

Vendere con Stile nasce con l'umiltà di poter dare un contributo, piccolo o grande che sia, a tutto questo, per aggiungere un tassello di qualità al bellissimo spettacolo che è la vita.

Non ho la presunzione che possa questa lettura cambiare il corso della tua esistenza, anche se, ricorda sempre, i grandi cambiamenti del domani spesso nascono e prendono forma da una piccola decisione di oggi.

Il mio obiettivo è di darti uno strumento semplice ed efficace per conoscerti un po' di più e per riconoscere, e quindi averne rispetto, la persona che hai di fronte.

Mi auguro che da domani, se in una trattativa di vendita ti sentirai rispondere affermativamente o negativamente, non ti limiterai a considerare quel sì o quel no come frutto della simpatia o dell'antipatia del tuo cliente o interlocutore; aver rispetto (quante volte ho scritto questa parola?) della persona che hai di fronte vuol dire rispettare i suoi tempi e le sue decisioni.

Semplice da dire? Sì. Facile da fare? No.

Come per tutte le cose nuove ci vuole del tempo per assimilarle: all'inizio sarà più complicato e solo dopo un po' e con una giusta dose di pratica questi concetti faranno parte di te, saranno acquisiti anche a livello inconscio e verranno da te riutilizzati senza nessuno sforzo.

Il nostro cervello, permettimi un'approssimazione, apprende un nuovo concetto, una nuova abilità se ritiene che questa competenza sia utile e/o divertente.

Ritenere possa essere utile quello che hai letto in questo libro ti aiuterà senz'altro ad applicarlo con costanza e perseveranza e ti stimolerà ad approfondire i concetti che ho esplorato con te in queste pagine.

Per quanto riguarda il divertimento, ti consiglio di divertirti nello sbagliare, di concederti sempre il beneficio del dubbio, di non dare etichette affrettate ma di avere sempre il bisogno di confermare o mettere in discussione le tue sensazioni.

Esercitati nell'osservare gli altri, quando sei al ristorante o al bar guardati intorno, non avere la fretta di consumare e scappare via, goditi quel momento e divertiti nell'inventare storie.

Chi sono quelle persone che siedono al tavolo di fronte? Due colleghi, due amici, marito e moglie, due amanti? Dai gesti che fanno, da come parlano, dalla loro postura che Stile Relazionale hanno? Adattivo, Divergente, Assimilativo, Convergente? Giallo, Verde, Blu, Rosso? Uno è più orientato al parlare e l'altra all'ascolto? Uno si relaziona più emotivamente e l'altra razionalmente?

Divertiti e fai divertire il tuo cervello nel cercare di capire situazioni di vita reale o immaginaria, osserva, mi raccomando, con la dovuta discrezione, sbaglia, rimodula la situazione, insomma fai esercizio, ti tornerà utilissimo quando sarai in una trattativa di vendita, perché il tuo cervello sarà già allenato e avrà acquisito abilità e competenza.

E soprattutto mi auguro che tu lo faccia con Stile, con il tuo Stile, senza trucco e senza inganno, con la naturalezza e la trasparenza di chi è consapevole della propria conoscenza, delle proprie caratteristiche e della propria forza e per questo messe a disposizione dell'altro.

Voglio condividere con te la storiella del pescatore e dell'uomo d'affari.

Un uomo d'affari si infastidì nel vedere un pescatore sdraiato accanto alla propria barca, mentre fumava tranquillamente la pipa.

"Perché non stai pescando", chiese al pescatore.

"Perché ho già pescato abbastanza pesce per tutto il giorno".

"E perché non ne peschi dell'altro?", incalzò l'uomo d'affari.

"E per farci cosa?"

"Guadagneresti più soldi. Allora potresti avere un motore da attaccare alla barca per andare al largo e pescare più pesci. Così potresti avere più denaro per acquistare una rete di nylon, e avendo più pesca avresti più denaro. Presto avresti tanto denaro da poterti comprare due barche o addirittura una flotta. Allora potresti essere ricco come me".

"E a quel punto cosa farei?", domandò incuriosito il pescatore.

"Potresti rilassarti e goderti la vita".

"Cosa credi che stia facendo ora?"

(Dall'*Elogio della Semplicità* di John Lane)

Ti ringrazio di cuore per aver dedicato il tuo tempo alla lettura di questo libro, mi hai fatto un dono speciale e te ne sono grato. Spero che questo tempo sia stato un regalo speciale anche per te, il dono della scintilla sempre viva dell'apprendimento e della conoscenza.

Permettimi di ringraziare, a questo punto, le persone che mi sono vicine nel mio percorso di vita: i miei genitori che con il loro esempio mi hanno insegnato il valore del rispetto e dell'amore; alle donne della mia famiglia, da mia sorella Sonia e il suo sorriso, che ha trasferito alla mia dolce nipote Flavia.

A mia moglie Assunta, compagna di vita, di amore e condivisione, vero faro illuminante.

Alle mie figlie Alice, Sofia e Telene, alla loro sorella Sara, alle quali auguro di vivere una vita di soddisfazioni e gratitudine, di seguire sempre i propri sogni e non quelli di qualcun altro, di avere il coraggio e la tenacia di sfidare prima di tutto loro stesse, nell'umiltà di imparare e apprendere sempre, in questo meraviglioso cammino che è la Vita.

Grazie anche a tutti i preziosi colleghi che mi hanno permesso di imparare qualcosa da ognuno di loro, a Fabio De Luca in particolare per la bella prefazione, per l'aiuto concreto nella stesura di questo libro e per il prezioso lavoro fatto insieme in questi anni.

Un grazie anche a Massimiliano Presutti, Daniele Gregori, Furio Zamboni e Giorgia Cacciante per i loro confronti continui e stimolanti.

Grazie agli amici con i quali sono cresciuto, a quelli che stanno condividendo la mia vita di oggi e anche a quelli che verranno domani, a tutte le persone che ho avuto il privilegio di avere in aula e dalle quali ho imparato più che insegnato, grazie anche a tutti i clienti che hanno avuto fiducia in me e a quelli che mi hanno detto di no, vero grande insegnamento di crescita.

Per approfondire un argomento così vasto e interessante, che ho cercato di riassumere in questo libro, ti invito a:

seguire i miei canali social: @UmbertoDiRienzo.it

visitare il mio sito: www.umbertodirienzo.it

scrivere alla mia e-mail: umbertodirienzo@connectance.net.

Puoi anche condividere il link del questionario con familiari, amici e colleghi, ti sarà molto utile:

www.vendereconstile.it/test/.

Grazie con Stile, *Umberto Di Rienzo*.

www.ingramcontent.com/pod-product-compliance
Lightning Source LLC
Chambersburg PA
CBHW071604200326
41519CB00021BB/6867